प्रेम घर

श्री आनंदकंद दयालु भगवान

<u>आत्मनिवेदन</u>

सुना है घर दीवारों से नहीं उसमें रहने वाले लोगों के आपसी संबंध जिसे रिश्ते कहते हैं की प्रेम मई डोर से बनता है घर एक आशियाना है जिसे प्रत्येक प्राणी घोंसले के रूप में ही देखता है आधुनिक युग में यह अत्यधिक विकसित हुई आवासी कार्य प्रणाली का हिस्सा है मानव ने बड़ी-बड़ी गगनचुंबी इमारत बनाई जिसमें कई छोटे-छोटे आशियाने फ्लैट या होम के रूप में बन गए कहीं इन्हें कॉलोनियों का रूप दिया तो कहीं अपार्टमेंट फिर भी कुछ अधूरा ही रहा लग्जरियस या यूं कहें सुविधाओं से परिपूर्ण जीवन सुखी से वंचित ही रहा एसी की ठंडी हवा भी समयानुपूरित रोग को जन्म देने लगी और हम शारीरिक एवं मानसिक रोगियों की श्रंखला में एक सेतु का काम करते चले गए । पुरातन युग से आज तक जितने भी घर बने चाहे वह सोने के ही क्यों ना हो लोग अपनी अशुभ मति के कारण सुख की अनुभूति से दूर रहे चाहे बात त्रिपुर की ही क्यों ना हो जो रावण सदृश्य एक राक्षस ही था रावण ने तो सोने की लंका को घर का रूप दिया वही त्रिपुरासुर ने ३ पुर अर्थात नगर सोने चांदी और तांबे के ही बना दिए ऐसे में मानव मात्र की घर बनाने की चाह क्यों ना उत्तरोत्तर बढ़ती ही जाएगी जो कि प्रत्यक्ष हम देख रहे हैं।

अब बात आती है घर का आधार क्या होना चाहिए कैसा होना चाहिए क्या होना चाहिए कुछ घर तो भवन कहलाते हैं पर लोग उन घरों में शांति का अनुभव नहीं करते ऐसा अक्सर देखा जाता है और लोग शांति की खोज में यत्र तत्र भटकते हैं फिर घर क्या केवल एक सर छुपाने की जगह रह जाती है या एक रेन बसेरा शायद मानव से श्रेष्ठ वह पक्षी जो अपने घोंसले में सुकून महसूस करते हैं हम तो इस बात को समझ पाने में अभी तक अक्षम है इसलिए घर मकान भवन होम आदि को सजाए बैठे हैं जबकि यह बात अकाट्य सत्य है कि घर केवल रेत गिट्टी

सरिये जैसे मटेरियल से नहीं बनता घर बनता है उसमें रहने वाले लोगों से लेकिन जब तक हम रिश्तो का आदर नहीं करेंगे तब तक परिवार में सुख नहीं होगा । पारिवारिक सुख की चाह एक घर के आंगन से ही तो पूर्ण होती है।

घी नओ और नाज पुरानो और कुलवंती नार,

बैठवे खो तुरंग हो तो बैकुंठ समान।।

इसलिए हम घर के आंगन से ही समाज की परंपरा और मर्यादा सीखते है घर की छांव में सुंदर व्यक्तित्व को निखार सकें यही बात बताती है कि अगर भी नया हो और घर में पुराना अनाज हो बैठने के लिए घोड़ा हो और हमारी घर की स्त्रियां कुलवंती नारियां हो तो घर बैकुंठ बन जाता है यह बात इस दोहे से स्पष्ट हो जाती है कि हमें आज जैसे घर की आवश्यकता है कि किसी को किसी की बातें घर में घर न करे (चूभे) ना बल्कि मां की बात बेटियों को बुरी ना लगे पिता की बात बालकों को बुरी ना लगे रिश्तेदारों के मध्य संबंध स्थापित रहे बस हमारा घर प्रेम घर बन जाएं इसी कड़ी में उसकी आधार सिला प्रेम की डोर में ही समाहित है जिसकी चाह लिय योगेश्वर कृष्ण राधे संग गोलोक धाम में और श्री राम मां जगजननी सीता के साथ साकेत धाम में विराजे है ऐसे अनूठे प्रेम घर में यह अविनाशी जीव रह सके और अपने जन्मों के घर बनाने की इच्छा को विराम दे सके इसी का एक सार्थक प्रयास हमारे सद्गुरू श्री श्री आनंदकंद दयालु भगवान जी के पावन सानिध्य में संपन्न हुआ आप सभी से निवेदन है कि आप इस प्रेम घर का अनुगमन करें ।।

आत्म निवेदक

श्री महंत श्री श्री भगवान वेदांताचार्य ४ स्वर्ण पदक प्राप्त काशी हिन्दू विश्वविद्यालय वाराणसी

क्रम-सूची

पावती (स्वीकृति)

শোভधाम राम असनामा। तिन्ह के संग नारि एक श्यामा।।
रूप रासि विधि नारि संवारी। रति सत कोटि तासु बलिहारी।।

आमुख

गली हमारे सद्गुरु श्री श्री आनंदकंद दयालु भगवान जी की कलम का वह पुष्प है, जो उनकी बगिया में आध्यात्म के सिंचन को सुभाषित करता है।

इस तत्वज्ञ ज्ञान की किरण को सद्गुरु देव बड़े भगवान् के श्री चरणों में समर्पित करते हैं। जो लोक कल्याण में सामजिक सन्मार्ग की ही गली है, जो लोक से परलोक को जोड़ती है।

प्रस्तावना

स्मृति पुष्प

रसात्मक जीवन का सार पुष्पो के चयन के साथ पराग से सुगंध ग्रहण करने में है सद्गुरु उसी का माध्यम है तो क्यों न

मानव जीवन की सफलता के प्रथम सोपान में हम यहीं से शुरु करें जहां मन बावरा हो किसी सन्त पुरुष की अलौकिक सन्निधि पा सकें । गोस्वामी तुलसीदास जी ने श्रीरामचरितमानस में "प्रथम भगति संतन कर संगा" कहकर नवधा भक्ति में सबसे पहले सन्त का स्मरण किया है।

भक्त हनुमान और श्रीराम मिलन प्रसङ्ग में कहा गया है कि "साधु ते होय न कारज हानी" मुझे दाम्पत्य जीवन के कर्त्तव्यों का निर्वहन करते हुए सर्व समर्थ श्रीआनन्द कन्द दयालु भगवान के पावन चरणों की सेवा का सुअवसर प्राप्त हुआ । जीवन के सुखद अनुभव सदा ही कृपा स्वरुप आह्लादित करते रहे मार्ग की कठिनाई मिट गई और हम सुरती योग के साधक बन गए जिसका ठिकाना "प्रेम घर" ही है

'प्रेमघर' नामक ग्रन्थ के प्रकाशन अवसर पर मेरी स्मृति उनकी वाणी प्रसाद का अनुभव कर जागृत हो आनन्द प्रदान कर रही है मेरे मानस पुंज की भूमिका अव सार्थक है जिसमें उन स्मृति के पल समाहित हैं कि भगवान् जी के सद्ग्रंथ अव प्रकाशित हो रहे है जिन्हे उनके मुखारविन्द से शब्दों के मोती सजा कर मैंने अपनी कलम से सजोए है 'प्रेमघर' नामक घरोदा तैयार करने की धारणा में अपना कर्तव्य निर्वहन करती रही सो

भगवान जी की पावन स्मृति को सादर नमन ......

श्री मति शारदा वेद प्रकाश पाठक

भूमिका

समाज की आम धारणा है कि सन्त को संसार से क्या लेना-देना? उसे पढ़ाई-लिखाई से क्या मतलब ? क्योंकि इसी समाज में जिसमें सन्त निवास करते हैं, भक्त निवास करते हैं, त्यागी, बलिदानी, उदार, दानी, मानी, उपकारी और हम जैसे भक्त भी निवास करते हैं कुछ ऐसे भी हैं जिनके विषय में यह वाक्य सटीक बैठता है कि-

पढ़े-लढ़े न लीन्हें मन्त्र।

जबरापेली हो गये सन्त।।

वास्तव में यदि हम अपनी प्राचीन परम्परा का अवलोकन करते हैं तो उसमें विस्तृत ऋषि परम्परा प्राप्त होती है। अब प्रश्न करते हैं कि वे ऋषि कौन थे ? जिनका नाम वेद मन्त्र में भी लिया जाता है कि अस्य मन्त्रस्य अमुक ऋषि, अर्थात् इस मन्त्र के ये ऋषि हैं। अर्थात् 'ऋषयः मन्त्र दृष्टारः' जिन ऋषियों ने अपनी तपस्या से वेद मन्त्रों का साक्षात्कार किया उनका उस मन्त्र से नाम जुड़ गया जो आजतक बराबर चला आ रहा है।

कहने का तात्पर्य यह हुआ कि यदि अनादिकाल से उन ऋषियों का नाम आज भी लिया जा रहा है तो केवल ज्ञान साधना के बल पर ही लिया जा रहा है। सन्त संसार के भय का अन्त करने वाला माना जाता है पर वह किसके बल पर संसार का अन्त कर सकता है ? क्या वेश के आधार पर या ज्ञान के आधार पर ? इस प्रश्न का समाधान यही है कि ज्ञान के आधार पर।

यद्यपि ज्ञान के पंथ को कुठार की धारा भी कहा गया है किन्तु आगे यह भी कहा गया है कि केवल भक्त से ज्ञानी भक्त श्रेष्ठ होता है क्योंकि भक्त स्वयं की भक्ति से मुक्ति को प्राप्त कर लेता है तथा ज्ञानी भक्त स्वयं तो मुक्त होता ही है अपने साथ अनन्त जीवों को भी मुक्ति के मार्ग पर चला देता है।

वास्तव में 'सा विद्या या विमुक्तये' की भावना तभी साकार होती है जब मानव के द्वारा जो भी जाना जाय है वह मुक्ति के लिए हो।

संसार में ऐसी अनेक विभूतियों का आगमन हुआ है जिन्होंने जीवन के यथार्थ को समझा और सामान्य जनों के लिए जीवन पर्यन्त जनवाने का उपक्रम करते रहे। उन्हीं विभूतियों में एक अप्रतिम नाम है सर्वसमर्थ आनन्दकन्द भगवान जी का। उनकी सारस्वत साधना भी अभूतपूर्व है। चालीस से अधिक पुस्तकों का लेखन करना कोई सामान्य बात नहीं है। ऐसा कार्य भगवत्प्रेरणा और कृपा के विना सम्भव नहीं है।

भक्त जब साहित्यकार हो तो उसके साहित्य में भक्ति रस का समावेश होना स्वाभाविक है। ऐसा साहित्य ही सत्साहित्य की श्रेणी में आता है। इसी प्रकार के साहित्य की वर्तमान में आवश्यकता भी है। आज का समाज कांचन और कमनीयता में सुख की तलाश कर रहा है। चरित्र का पतन कर रहा है सुख प्राप्ति के लिए किन्तु संसार के सुख की नश्वरता है। जिन इन्द्रियों से सुख प्राप्त किया जाता है वे इन्द्रियाँ ही इतनी शिथिल हो जाती हैं कि उन्हें ही संसार की वस्तुओं का सुख समझ में नहीं आता। सांसारिक सुख प्राप्ति में दक्ष रावण भी इन्द्रिय सुख कामिनी में ढूंढ रहा था जिसके लिए उसने साठ हजार रानियों का समूह बना दिया था फिर भी सीता की सुन्दरता ने उसे अधीर कर ही दिया। 'प्रेम घर' पुस्तक कें एक प्रसंग में कहा गया है कि-

शोभधाम राम असनामा। तिन्ह के संग नारि एक श्यामा।।
रूप रासि विधि नारि संवारी। रति सत कोटि तासु बलिहारी।।
अरण्य. 22/8.9

'आदमी नारि को किस किस रूप में चाहता है रति की तलाश चैथापनें में रावण को सोने के महलों में भी सोने नहीं दे रहा है। 60 लाख युवतियों में उसे वह नहीं मिला जो प्रेम वह चाहता था, जिससे अप्रायें थी। धन्य रे यह प्रेम की चाह एक एक रति में जब आदमी पागल है फिर 100 करोड़ रति पुंज में बचेगा क्या आदमी पर देखिये जो काम से विमुख हो गये हैं जिन्होंने राम को चाहा राम रति चाही उन वाल्मीक ने तो 'रामरति' करोड़ ही कही जाती है।'

संसार से प्रेम या संसारी प्रेम बन्धन का कारण होता है किन्तु इसी संसार में रहते हुए सर्वसमर्थ प्रभु से प्रेम करने से मुक्ति की तलाश समाप्त हो जाती है। मनुष्य यदि स्वयं से प्रश्न करे कि आखिर सच्चाई

से उसे चाहिए क्या ? तो उसकी आत्मा ही उत्तर दे देती है कि उसे मुक्ति चाहिए। फिर वह कहाँ मिलेगी तो उसके लिए स्थान सुरक्षित है सर्वसमर्थ श्री राम दरबार।

सर्वसमर्थ से प्रेम ही मनुष्य को सद्गति प्रदान कर सकता है और उस दरवार का नाम ही 'प्रेम घर' है।

मुझे आनन्दकन्द दयालु भगवान जी की अनन्य कृपा से इस पुस्तक के प्रकाशन की सहभागिता प्राप्त हुई। श्री विश्वनाथ हरलालका जैसे भक्त पुरुष की मैं पुत्री हूँ इस बात का मुझे विशेष गर्व है। वे आनन्दकन्द भगवान के अनन्य भक्त थे, अतः उनकी पुण्य स्मृति में इस पुस्तक के प्रकाशन का दायित्व पाकर मैं अपने आपको अतिशय गौरवान्वित महसूस कर रही हूँ। पाठक भक्तों से निवेदन करती हूँ कि प्रथम अवसर है कि जब हमने किसी महापुरुष की लेखनी पर कोई लेखनी चलाई है। उनकी ही कृपा से कुछ लिख पाई हूँ। त्रृटियों के लिए क्षमायाचना के साथ...........

शिल्पा पोद्दार
मुम्बई

लेखक जीवनी

जीवनी

सर्व समर्थ श्री श्री आनंद कंद दयालु भगवान एक ऐसा नाम जिसे सहजता से जान लेना ईश्वर को जानने जैसा ही है परिचय की आवश्यकता व्यक्ति को है जिसमें व्यक्तित्व का रूपांतरण छुपा हुआ होता है लेकिन जब बात मानव मात्र से ऊपर उठकर होती है तो वह आध्यात्मिकता के रूपांतरण की ओर हमें अग्रेषित करती उस चरम बिंदु की ओर जहां से यह जीव ईश्वर के अंश अवतार में प्रकट होता है

ईश्वर अंश जीव अविनाशी चेतन अमल सहज सुख राशि

इस प्रकार इस संसार के महानतम क्षेत्रफल में आर्यावर्त के मध्य भूभाग में

आश्विन शुक्ल चतुर्थी संवत् १९९९ की प्रातर्बेला में जिस ज्योतिर्मय बालक का जन्म हुआ वह एक अनोखी छवि लेकर माता-पिता के आनंद का कारण बना । पिता श्री बड़े भगवान ने जिस समय पुत्र जन्म का समाचार सुना, उस समय वे रामचरित मानस का पाठ कर रहे थे । पाठ के उच्चारण में बार-बार आनंद और दयालु जैसे शब्द स्फुटित हो रहे थे। अस्तु बालक का नाम आनंद कंद होना स्वाभाविक ही था। क्योंकि वह आनंद रूपी फल का ही प्रतीक है जो ईश्वर कृपा से प्राप्त होता है इसलिए बालक का स्वरूप देखकर बुआ और मां कह उठीं कि यह बालक तो 'भगवान' जैसा लगता है । बस सबके मत से बालक का वही नाम सार्थक होने लगा जो आज सबके समक्ष आनंद कंद दयालु भगवान के रूप में जाना जाता है।

पुत्र जन्म के पूर्व ही माता को अपूर्व और विचित्र स्वप्न दिखाई देने लगे थे। एक अलौकिक स्वप्न में माता ने देखा कि दुर्बल देह और लंबी दाड़ी वाले कोई महात्मा रामायण ग्रंथ लिख रहे हैं। अद्भुत आनंद को देने वाले ग्रंथ को

लिखने के बाद उसे माता को सौंपते हुए कहने लगे कि "देख, देशरानी यह ग्रंथ मैं तुझे सौंप रहा हूँ। इसे संभाल कर रखना।" मां ने पूछा

महाराज, आप कौन हैं ? महात्मा बोले "पगली, तू तुलसी चौरे के तुलसी को नहीं जानती बस ऐसा कहते हुए वे तुलसी के पौधे में अन्तर्लीन हो गए। ऐसे दिव्य अलौकिक स्वप्नों के बीच बारह महीनों तक मां के उदर में विकसित शिशु का दिव्य रूप में जन्म लेना असाधारण प्रसंग ही कहा जाएगा।

ईश्वर की ओर

दयालु भगवान किशोरावस्था से ही ईश्वरोन्मुख होने लगे थे। स्थानीय विद्यालय में प्रारंभिक शिक्षा प्राप्त की और माता-पिता ने जो संस्कार दिये उसने ही उन्हें भगवान मय बनाने के लिए सक्षम बनाया । सागर विश्वविद्यालय से अध्ययन पूर्ण करने के पश्चात साहित्य सम्मेलन प्रयाग में डिग्री प्राप्त करने गए जहां आयुर्वेद से स्वर्ण पदक प्राप्त कर प्रयाग विश्वविद्यालय में प्रथम स्थान प्राप्त किया , दयालु भगवान बहुत दिनों तक काशी और चित्रकूट में रहे जहां वे स्वाफा पहन घोड़े पर सवार हो निकलते तो बहुतेरे संत महात्मा उन्हें ताकते रह जाते, वे उन्ही संत-महात्माओं के मध्य सत्संग का आनन्द लेने लगे जिससे उनकी भक्ति भावना बढ़तर होती गई। वहाँ उन्होंने बारह करोड़ राम-नाम मंत्र जाप करने का संकल्प ले लिया। अनुरागात्मक बैराग की इच्छा दृढ़ हो गई जिससे कान्ताभाव मयी भक्ति भावना के प्रभाव सूत्र में आ गए जो कोटि युगों की दुर्लभ तपस्या के बाद प्राप्त होती है जिससे ईश्वर साक्षात्कार तो सहज ही हुआ और बारंबार होता रहा पर सुरती योग के माध्यम से सवालाख मानस पाठ की योजना को भी साकार कर दिया । साकेतधाम की तीन एकड़ भूमि में क्षेत्रीय संन्यास लेने वाले दयालु भगवान ऐसे साधक बन गए जिन्हो ने सत्ताइस वर्षों के लम्बे अंतराल में कठोर से कठोर व्रत, उपासना और यज्ञ - सम्पन्न किए। उनके व्दारा किया गया ३० दिन का अति कठिन चान्द्रायण व्रत उल्लेखनीय है जिसे उन्होंने दो बार किया जिसमें केवल प्रथम बार आँवले का ही सेवन चंद्र की कला के बढ़ते घटते क्रम में फलाहार स्वरूप ग्रहण किया द्वितीय बार केवल बेलपत्र के सेवन से यह कठोर व्रत संपन्न किया साथ ही उन्होंने पांच दिनों तक 'तुलसी पर्ण व्रत' की भी साधना की थी। आँवले के वृक्ष के नीचे एक पैर से ५२ घंटे खड़े रहकर रामचरित मानस के पाठ

सम्पन्न किए। पुनः लगभग छः माह अर्थात १८० दिनों तक मौनव्रत भी धारण किया जिसमें आहार के रूप में केवल दुग्ध का ही सेवन किया। इस मौन व्रत में वे अशोक वृक्ष के नीचे १०८ बार मानस का पाठ करते रहे। नए-नए अनुष्ठान करना उनका स्वभाव हो गया था इसी क्रम में कोटि लिंगार्चन, अति रुद्र यज्ञ, पुराण पाठ, सुंदर कांड संपुट हवन, कोटि बिल्बपत्र यज्ञार्चन आदि अनुष्ठान उनके प्रयासों से सम्पन्न हुए।

ऐसी कठोर तपश्चर्या का परिणाम यह हुआ कि 27 वर्षों के अल्प समय में रामचरितमानस का सवालाख बार पाठ हुआ जो विश्व के आध्यात्मिक क्षेत्र का एक आश्चर्य माना जाता है जिसकी संपूर्ति में लाखों नर-नारी समिलित हुए । जहां साकेत धाम की पवित्र भूमि से संलग्न हो लोक कल्याण की भावना से दमयंती नगर विश्व का अनुपम तीर्थ बन गया जिससे वर्तमान में लोग दमोह के मानस पाठ से संबोधित करते है आज भी इस तपस्थली में सैकड़ों साधु सन्यासी बरबस चले आते है

भक्ति पद्धति

समूचे ब्रह्मांड और चराचर जगत में ब्रह्म, माया और जीवात्मा की सत्ता शाश्वत है । जीव (आत्मा) सदैव ब्रह्म (परमात्मा) की उपासना करके उनमें अन्तर्लीन हो जाना चाहता है। ब्रह्म और जीव के संबंध को संतों और भक्तों ने स्त्री-पुरुष का रिश्ता प्रदान किया। कबीरदास जैसे संत आत्मा को परमात्मा राम की बहुरिया या दुलहिन मानते हैं और राम से पति भाव का रागात्मक संबंध जोड़ते हैं। मलिक मुहम्मद जायसी जैसे सूफी कवि भी जीव ब्रह्म के बीच 'इश्के हकीकी का प्रेम संबंध स्वीकार करते हैं। रामानंद, बल्लभाचार्य, रामानुजाचार्य, निम्बकाचार्य जैसे साधकों तथा तुलसीदास, सूरदास, मीराबाई, अग्रदास, नाभादास जैसे भक्त कवियों ने राम और कृष्ण के साथ अपने संबंध विभिन्न रूपों में जोड़कर आत्मा को स्त्री रूप में ही स्वीकार किया है। मधुर भक्ति कहें या रसिक भक्ति दोनों में ही आत्मा-परमात्मा का संबंध स्त्री-पुरुष के रूप में ही प्रकट हुआ है। आत्मा रूपी स्त्री अपने आराध्य भगवान को विभिन्न रूपों में रिझाती है और आराध्य में समाविष्ट हो जाना चाहती है।

इसी भाव धारा से अयोध्या में सर्व प्रथम वैष्णव संत रूप कला और शशि कला की कांता-भाव (सोलह श्रृंगार से प्रभु को रिझाने की सर्वोच्च परम्परा) की उपासना अन्य संतों ने स्वीकार की जिसे भगवान् शिव-पार्वती ने अर्धनारीश्वर स्वरुप से प्रमाणित किया और श्री रामचरणदास ने पति-पत्नी भाव की उपासना कर उसे आगे बड़ाया । उन्होंने 'स्वसुखी' शाखा को जन्म दिया। स्त्री वेश धारण करके पति लाल साहब (राम) से मिलने के लिए सोलह श्रंगार करना इस शाखा का लक्षण था। रामचरणदास ने अपने मत की पुष्टि के लिए अनेक ग्रंथ लिखे । महन्त जीवाराम ने 'तत्सुखी' नाम से इस संप्रदाय का विकास किया। इस संप्रदाय की विभिन्न शाखाएं जानकी संप्रदाय, रहस्य संप्रदाय,

जानकीवल्लभ संप्रदाय आदि नामों से प्रसिद्ध हैं। इन्हें रसिक संप्रदाय के रूप में भी जाना जाता है।

हनुमत संहिता' और महाकौशल ग्रंथ इस भक्ति पद्धति के दो प्रसिद्ध ग्रंथ माने गए हैं।

श्री दयालु भगवान में इस भक्ति पद्धति का सीमित एवं बाह्य प्रभाव लक्षित होता है । वे अपने शरीर पर चूड़ी, बिन्दी, पायल या रम्य वस्त्राभूषण स्वयमेव धारण नहीं करते। भक्त जन आकर श्रद्धा और प्रेम वश उन्हें स्वयं पहना जाते हैं। उनकी साधना की एक और बड़ी विशेषता है कि वे विगत् २७ वर्षों से अन्न के स्थान पर केवल फलाहार ही ग्रहण करते रहे जो जीवन पर्यन्त चला, उनका संकल्प रहा कि वे स्वयं अपने हाथों से फलाहार ग्रहण नहीं करेंगे। इसीलिए कोई श्रद्धालु खुद आकर उन्हें अपने हाथ से खिला दे तभी वे आहार ग्रहण करते इस संबंध में दयालु भगवान कहते हैं कि मैंने स्वामी करपात्री महाराज को कर-पात्र (हाथों की अंजुली) से भोजन करते देखा था। वे धातु के पात्रों को भोजनार्थ छूते भी न थे। मेरे मन में आया कि मैं भी इसी प्रकार अनुकरण करूं । । फिर एक नया विचार भी तरंगायित होने लगा। मैंने सोचा कि ईश्वर सबको भोजन देता है। भोजन करने के लिए व्यक्ति को हाथ तो चलाना ही पड़ता है । कहावत भी है कि भगवान खाने को तो दे देगा पर थाली से कौर (ग्रास) तो उठाना ही पड़ेगा।

मैंने इस शाश्वत कथन और आचार-पद्धति से भी आगे बड़ने का निश्चय कर लिया। जब ईश्वर भोजन उपलब्ध करायेगा तो मुंह तक भी पहुंचाने का भी साधन जुटाएगा। यह संकल्प मन में आया और पूरा भी होता गया। श्रद्धालु फलाहार लाते और स्वयं अपने हाथों से मुझे खिला देते। कभी उपलब्ध नहीं हुआ तो बिना आहार के भी साधना चलती रही। दमोह नगर के पूर्वी भाग में जो साधना स्थली बनी उसका नाम साकेत धाम है

साकेत धाम

यह नाम शाश्वत है जिसका स्वाभाविक रूप दिव्य हैं। यह सिया राम परिवार का आश्रम स्थल अयोध्या जैसा प्रतीत होता है जिसे अवध कहते है जिसे परिकर साक्षात् स्वर्ग भूमि से भी बड़ कर मानते है। भक्तजनों ने यहाँ कौशल किशोर का दिव्य मंदिर बनवाया। जहां सिया राम सरकार की ऐसी मनोरम झांकी है जो कम स्थलों पर ही देखने को मिलती है। मनोहर वेष में पगड़ीधारी रामलला दूरागत भक्तजनों के मन को मोह लेते हैं। दमोह का मोह तो यहाँ विद्यमान ही है। विशेष आसनारूढ़ पश्चिमाभिमुख मारुति नंदन की प्रतिमा तो देखते ही बनती है।

पार्श्व में जो वृत्ताकार मुख्य कक्ष 'मानस पाठ यज्ञ पीठ' है उसमें १९७१ की रामनवमीं से नित्य 'सवालाख मानस पाठ' का यज्ञायोजन अब संपन्न हो गया है प्रत्येक ९ दोहों के बाद हवनाहुति। इसी तरह सवालाख बार मानस के पाठ हुए और उतनी ही बार ९ दोहों के सातत्य में हवन यज्ञ का अनुष्ठान। जो घृतावलंबित ज्योति १९७२ के राम-जन्म पर्व पर प्रज्वलित हुई वह अखंड जलती जा रही है। गांवों और शहरों के हजारों स्त्री-पुरुष इस पुण्य भूमि पर आए और २७ वर्षों की 'अखण्ड-मानस पाठ-साधना' में सम्मिलित होते रहे। हिन्दु, मुस्लिम, सिक्ख, गुजराती, रैदास जैसा कोई भेद यहाँ नहीं रहा। सबने यथा सक्षम पाठ यज्ञ किया। मानस पाठ कर्ताओं में आफ्रीका, मोरिसस और इंग्लैंड के निवासियों ने भी अपने नाम दर्ज कराये। जिससे सवालाख मानस पाठ कर्ताओं के नामांकन का एक विशाल ग्रंथ ही बन गया। इस महाभार ग्रंथ को संवत् २०५६ कि रामनवमीं (दिनांक २५.३.९९) को मध्याहन १२ बजे

काशीपाठाधीश्वर की उपस्थिति में रामदरबार में रखा गया । शंकाराचार्य श्री निरंजनानंद जी सरस्वती ने इस नामावली ग्रंथ पर अपने हस्ताक्षर किए मानों साक्षात् भगवान शिव ने रामचरित मानस की तरह सत्यं शिवं सुंदरं लिखकर प्रमाणीकरण के हस्ताक्षर किए हों।

सत्ताइस वर्ष की अवधि में सवालाख मानस की संपूर्ति पर्व के एक मासीय समारोह में हवन-पूजन, भजन-कीर्तन के साथ-साथ नित्य अपराह्न

श्रीमद् भागवत कथा तथा रात्रि में रामायण कथा, रामलीला-रासलीला का आयोजन-प्रदर्शन होता है। १०८ विप्रकंठों से उच्चारित श्री सूक्त पाठ के संपुट में कमलगटा से यज्ञाहुतियाँ दी जाती हैं।

श्री सीता अतिशक्ति महायज्ञ का यह अलौकिक आयोजन निस्संदेह सवालाख मानस पाठ की तरह विश्व का प्रथम आश्चर्य बना दूरदराज से आए हुए हजारों नर-नारियों और बालक-वृद्धों से समूचा साकेतधाम अपनी रंगबिरंगी छटाएं बिखेरता रहा केसरिया ध्वज पताकाएं, काँस कुटीरों के आवास और यज्ञ कुंडों से उठती आहुतियों की धूम्र सुगंधि समूचे परिवेश को सुवासित कर रही थी लगता है स्वर्ग का सुख साकेत धाम में थम गया है ।

१४५ यज्ञों की विशाल श्रृंखला अन्यत्र कहीं इस प्रकार देखने को नहीं मिलती, जो कि २३/३/१९७१ से सवा लाख मानस पाठ

यज्ञ पूर्णाहुति पश्चात ९/५/२००१ लगभग ३० वर्ष के क्षेत्रीय सन्यास की समपूर्ति के साथ भारत भ्रमण के लिए तीर्थ यात्रा पर निकले,

'साकेत धाम' के मुख्य व्दार पर दिनांक १.१.१९९९ को सप्तविंशति अशोक वृक्षों का रोपण किया गया। २७ नक्षत्रों के प्रतीक यह अशोक वृक्ष अव अशोक वाटिका बन गए ।।

साकेत वास

ब्रह्मलोक गमन से पूर्व १४ वर्षों तक भारत के अनेक तीर्थ स्थलों में अपनी पदयात्रा एवं पुष्पक के व्दारा किए गए अनुष्ठानों में कई प्रदेश और नेपाल जैसे देश सम्मिलित हैं सनातनी व्यवस्था के अंतर्गत महाकुंभ में भी यह यज्ञ परंपरा निर्बाध रूप से चलती रही जिससे जनमानस उन्हें भगवान ही जानता रहा संतों महात्माओं के बीच पराग

पुष्प की भांति स्वयं को स्थापित कर यह दिव्य चेतना ३ सितंबर २०१४ को सिया राम में समाहित हो गई । रूप कला स्वामी के पश्चात वैराग्य परंपरा का यह कलिकाल का दूसरा जीवंत मर्म है जिसे आप सभी अक्षरानुभूति कर आज भी अपने स्वरूप चिंतन में समाहित कर सके...

> *"गांव गांव में अवध हो घर घर कुशल निवास,*
> *सिय नारी नर राम हो , दयालु विश्व प्रयास ।।"*

1

प्रेम घर

पानी धार सीधे बहे, पलट प्रेम नदि नार।

  'मनु - स्मृति न्यायधरा, बहा न दयालुधार।।

  है जगत प्रेम का सार ....

संसार के सभी लोग यह जानते हैं कि उनकी उत्पत्ती माता पिता के संयोग आनंद मिलन का एक छोटा सा सामयिक शाश्वत रूप तो है और हम ऐसा भी कहें कि सारे प्राणी एक माता पिता से ही जन्म लेते है जन्म स्वयं यह ही ध्वोनि देता है कि जन-उन्पन्न करने वाली एक माँ (म) है छोटे से छोटा जीव चींटि भी अपने भोग से अंडे को सेती है और एक-एक चींटि को चीटिं जन्म देती है तथा बड़े से बड़े विशाल काय हाथ के मैथुन रगड़ से उत्पन्न जन्म लेना वाला हाथी भी अपने ही प्रतिरूप में एक हाथी को जन्म देता।

यह गर्भ स्थापना पद्वति हिरण्यगर्भ से गर्वित होती है यह हरिण्य-स्वर्ण सोना धातु - जिससे संपूर्ण संसार अपने समस्त वस्तु जगत के भाव निर्धारित करता कोई भी भाव बिना स्वर्ण के निश्चित नहीं होता है।

भाव का कारण हिरण्य है अर्थात समस्त वस्तु जगत हिरण्य में ही समाहित होता है "यही एक 'श्री सूक्त है जो सुन्दता पूर्ण उक्त कहा गया है " ॐ ओ-म- हिरण्यवर्णां हरिणीं सुवर्ण - रजतस्रजाम चन्द्रां हिरण्यमयीं लक्ष्मीं जातवेदो .... यह जात वेद - जाति वेद भेद है -

म आ वह।।

स्वर्ण ही एक वैदिक नाम जात वेद है यही जाति भेद है यह स्वर्ण-सवर्ण गरीबी रेखा की दरिद्रा का नाशक है, यह हिरण्य-गर्भ- का स्नेह नेह की प्रवृत्ति ही दशमुख है जिसके अंग संग में 60 लाख अप्सराये अशोकक वाटिका की सुन्दरता थी।

यह हिरण्यभाव मोह प्रेम गर्भ हिरण्य गर्भ की प्रवृति जीव में सहज ही मन मनोज को अपनी अपनी लक्ष्य वृत्ति लक्ष्मी से उद्भूत है यह जन्म जिस माँ से हुआ है। उस माँ के प्रति सहज आकर्षित है, अपनी 84 लाख योनियों की तीर्थ यज्ञ यात्रा करते करते आज तक थका नहीं है ,भोग रहा है '84' लाख योनि का भोग, योनि से योनि का पर क्या इस मानव ने आज तक 84 लाख लिंग भी पाये है नहिं 'चैरासी लाख योनि ही है' यह नियोजित है और इसका आयोजन स्वयंभू - स्वयं आयोजक का योजन और प्रयोजन भी एक से अनेक होने की धारणा में नियमित है न्यामक है। एक न्याय संगत है जिसका संकल्प ब्रह्म विधि से स्वयं ब्रह्मा करता है ''एकोऽस्मबहुस्यामो' की सृष्टि संकल्प में निहित है संकल्प की स्फुरणा ही इच्छा है जिस इच्छा का नाम ही 'श्री' है जो इच्छा अपने ही सगुण रूप में हिरण (हिरण्यमृग) हरिणी की इच्छा करती है 'कनक' मृगचर्म की इच्छा के रूप में बैदेही कहती है।

सत्य संघ प्रभु -यह इच्छा की उत्पत्ती ब्रह्म की गोद में जन्म ले लेती है धन्य से हिरण्य- कनक हिरणं - मृग जिसे स्वयं रत्नगर्भालक्ष्मी जी भी इच्छा को जन्म देती है ,यह लोभ इच्छा बल ही आदमी को काम में प्रेरित करती है। यह इच्छाशक्ति क्रिया शक्ति को जन्म देती है, इससे न-हानि है 'नहानी' है जहां मातेश्वरी श्री आदिशक्ति पार्वती जी स्नान करती है। नारि का स्नान ही जन्म का कारण है पुरुष तो स्वयं में एक नारायण है नार है जल है नार में अयन बनाकर रहने वाला ही नारायण कहा जाता है यही क्षीरसागर का शयन संसार का काम पुरुषार्थ है पर इसका जन्म नर से नहिं प्रथम तो नारि से ही 'श्री गणेश' होता है।

कितनी विचित्र सी बात है जहां नारि अपने से ही अपने हाथ से योग भोग का उपटन कर छूटे बने मैल से एक पुत्र को जन्म देती है धन्य री 'नारि शक्ति' माँ पार्वती यह नारि भोग का 'श्री गणेश' उसके ही हाथ

का मैल है पर वह अपने हाथ में रहने वाले प्रजनन को जानकार अन्य पुरूष के हाथ में उसे जानती है और लालायित है। पुरूष स्पर्श स्नेह को जिस इच्छा ने उसे परतंत्र बना दिया और शेर पर बैठने वाली शक्ति आज धूलचाट रही है पुरूष के चरणों की क्यों यह बात कोई पुरूष के अलगाव की नहीं है- यह तो नारि धड़कन की स्मृति को जन्म देने के एक प्रयास है इस नारि को समझना है कि नारी (नाड़ी) की धड़कन ही मनुष्य का जीवन अब रही बात नारि धड़कन की चाल कहां से जन्म लेती है, तो यह नारि धड़कन क्या नारि से ही उत्पन्न है कि उसी नारि का एक हृदय है यह हृदय ही परम पुरूष है 'हृदय' की धड़कन ही सर्वत्र फैली है ।जो मनुष्य के शरीर को गति प्रदान करती है यह नारि हृदय दोनो अलग अलग नहीं हो सकते हां यह बात अवश्य है कि नारि से हृदय गति नहीं पाता, हृदय से नारि गतिया पाकर, जीवन की आयु बनती है अर्थात नारि की गति ही जीवन है।

अगर हम नाड़ी-गति और हृदय की धड़कन का अनुभव एक साथ कर लेवे जिसे हम प्राणायाम की पद्वति भी कह सकते है यह प्राणायाम श्वासों को अनुस-धाक्ति करता है जो 216000 अपनी संख्या का ध्यान बनाती है ,यह श्वासें नासिका के दो छिद्रों से प्रवाहित है और शरीर को चेतनता के स्नेह को प्रभावित करती है ,तो श्वास एक से नहीं, दो छिद्रो का ही आदान प्रदान है अगर हम यह समझे कि जीवन की श्वासें जीवन कोई एक राह से नहीं चल सकता है उसे दाये-बाये का सहारा लेना लेना ही होगा क्योंकि उसका प्रवाह दो छिद्रो से ही निर्गम करता है यही बात हम नार नारि में समझ लेवे कि अगर श्वांस प्राण है तो नासिका के दो छिद्र नर नारि हैं सभी नर मादा प्राणी है जिसे अपने प्राणपति को भी पहचनना है और श्वास रहते हुये यह कार्य हो जाना चाहिए और अगर हम श्वास रहते हुये 'स्व-वास' नही कर पायें श्व-वास तो फिर श्वांस लेने का अर्थ ही क्या होगा, हम सबको सब कुछ दे सकते है पर श्वांस नहीं श्वास तो बस लेते ही लेते है और यह श्वास कहीं किसी से उधार हाल नगद में मिलती भी नहीं उनका अपना स्व-वास है।

अगर हम यह प्रेम के साथ लेते है तो यह प्रेम श्वांसें हृदय को सरल प्रफुल्लित रखती है और क्रोधादि रिपुरो से धड़कन बड़ाकर गिनती को

घटाती है जिसें हम दुर्घटना - नाम देते है बड़े मजे की बात है एक मिलन को हम संयोग कहते योग स्नेह, पुकारते है प्रेम आलिंगन कहते है । इसको हमने कभी भी दुर्घटना नहीं कहा क्या किसी साहित्यकार ने विवाह को मिलन को भी दुर्घटना कहा क्योंकि यह स्नेह मिलन दुर्घटना नहीं प्रेम का घर है तो प्रेम-स्नेह घटना नहीं दुर्घटना नहीं यह तो प्रेम योग है पर आज न जाने क्यों यह पवित्र प्रेम स्नेह आज दुर्घटनाओं को जन्म दे रहा है जरूर प्रेम में कोई आड़ आ चुकी है हो आडो में हम कुछ भी गिन सकते हैं, चाहे वह तन हो य धन गान हो य पद प्रतिष्ठा मांग हो या त्याग हमें सबसे पहिले वही से देखना है जिस शिव ने यह बात कही है कि ईश्वर एक मात्र प्रेम से ही प्रगट होता है जब सारे देव एक ब्रह्म को ढूढ रहे है और उसे नहीं पा पाते अपने अपने सिंद्धात भी कहते है ।

कोई बैकुठ का पता बताता है तो कोई क्षीरसागर का और कोई हृदय में बसने वाले अन्तर्यामी को कहता है तो कोई सर्वत्र का बखान करता है यह बात ठीक है प्रभु सर्वत्र व्याप्त है ,व्यापक है, व्याप्त है ,लकड़ी में रहने वाली अग्नि के समान तिरोहित है पर यह लकड़ी की आग लकड़ी क्यों निकाले जिस भी लकड़ी से आग निकली की वह जली। अब सोचिये त्याग-आग वैराग्य-आग कौन जलाये, जिसके प्रगट होने पर, प्रगट करता स्वयं जल जाये तो यह ब्रह्म की अग्नि कौन यज़कर्ता यज़ में प्रगट करेगा?

यह बात तो निश्चित है जिससे जो प्रगट होता हे उसे वह नष्ट कर देता है, बीज अंकुरित होकर पौधा तो बन जाता है पर वह बीज को चीर कर नष्ट कर ही पौधा बनता है।

इसीलिये यह बीज को नष्ट करने वाली जनन प्रक्रिया को जड़ प्रकृति कहा जाता है शायद ही कोई ऐसा बीज हो जो पौधा को जन्म देकर शेष बच जाये अगर शेष बच गया तो निश्चित है उस बचे शेष पर भगवान अवश्य ही शयन करेंगे ''सदाचीर सागर सयन.....।

अब इससे दूसरी चेतन तन प्रकृति जो संस्कृति है इस चेतन का नाम सही में चेतन है अर्थात चेतन, इस चेतन का स्वभाव है शेष रहना शेष बचाने का प्रयास करना पुत्र पौत्र प्रपौत्र के रूप वंश परम्परा के रूप से यह वंश परम्परा का बचाव शेष रखने की ही प्रक्रिया है जिसमें भगवान

आकर शयन करें । जो अपने से अपने में अपने लिये अपने को बचाकर अपने की रक्षा कर लेता है ।

यह चेतन-तन-मनुष्य पशु पक्षी प्राणधारी प्राणी हैं जिसकी उत्पत्ती प्रेम है इसी प्रेम की प्रेरणा प्रेमास्पद प्रभु परमानंग विश्वास श्रद्वा से कहते हैं कि हे पार्वती जी प्रभु प्रेम से ही प्रगट होते है यह मैने जाना है,

....

प्रेम तें प्रगट होहिं मैं जाना।

यहां भगवान शिव पूर्ण प्रमाण के साथ यह बात कहते हैं कि भगवान प्रेम से ही जन्म लेकर प्रगट होते हैं। अब यह प्रेम क्या है, कहां किस प्रकार ,किससे मिलता है, इसकी क्या कोई कीमत है या बिना मोल मिल जाता, क्या इसमें तन धन कोई ज्ञान बल पौरूष युक्ति रूप ऐश्वर्य प्रभाव कारण है , कैसे ही सहज में प्राप्त हो जाता है, एक कोई तो इसकी बहुत ही कीमत कहता है, कौन लेगा इस कीमत से - जरा देखिये यह प्रेम का घर.......

यह तो घर है प्रेम का,, खाला का घर नाह।
शीष काट भुई में धरो फिर बैठोघर माह।

प्रेम के घर में बैठने का जो यह सिद्धांत है निश्चित ही बहुत ही अनुभव के बाद ही कहा गया है, शास्त्रों के निचोड़ से बना यह प्रेम रस सिद्धात बेजोड़ पियूष है ।

चलो हम प्रथम उसका प्रेम देखे जिसके पास एक नहीं दशशिर हैं जिसे एकाध सिर प्रेम घर में चढ़ाने पर कोई कमी नहीं पड़ सकती क्योंकि वह दशमुख है।

रही अब प्रेम की बात कि उसे कहाँ, किसस, किस प्रकार का स्नेह है?

इसका स्नेह यज्ञ से हो रहा, यज्ञ का प्रेम वैदिक है,स्वभाविक है, ब्रह्मा ने सृष्टि रचकर यही एक साधना का विधान बनाया था। जिस प्रकार से उन्होंने कहा था वह सब पुराणों में लिखा पढ़ा है यज्ञ सर्वोपरि साधना है सर्व उपयोगी है। हमारी उत्पत्ती भी यज्ञ से ही सम्पन्न है, यज्ञ हमारा जन्मजात गुण है, यज्ञ ही हमारे लिये अनुगुण है ।

क्योंकि वेद कहता है ''यज्ञोः विश्वस्यभुवनस्य नाभिः'' सारे के सारे विश्व लोक भुवनो की नाभि एक यज्ञ ही हैं और जो नाभि में अमृत है वही

''जप'' यज्ञ है, मंत्र का जप जो वही वस्तु के शाकल्य परिमाण से स्वाहा बनकर यज्ञ संज्ञा पाता है अर्थात वस्तु से लेकर स्वयं के स्वाहो में ही यज्ञ विहित है।

वास्तव में अपने आपके स्वाहा में ही यज्ञ स्नेह प्रेम प्रगट होता है। जब सब कुछ ही स्वाहा समाप्त हो जाता है तभी वह प्रेमास्पद मिलता है, जो रावण ने पाया, वह आज तक किसी भी साधक ने क्यों नहीं पाया ?

क्योंकि ऐसा प्रेम यज्ञ से आज तक कोई नहीं कर पाया, सभी लोग मात्र शाकल्य वस्तु से ही हवन करते आ रहें हैं , पर उसने तो अपने एक-एक करके दशो शिर अग्निकुण्ड में स्वाहा कर दिये धन्य रे 'यज्ञ प्रेम' और उसने इस प्रेम से अपने ही भाल में लिखी अपनी मृत्यु नर के हाथ से बाँची,कितनी दुर्लभ बात है ,यह स्वयं शीश काटकर जब भुई में रखी तो हवन कुंड में चल रहे शीश में ब्रह्मा की लेखनी पढ़ी गई, यह प्रेम का चमत्कार है।

जिसने असंभव को भी संभव कर दिखाया, क्या कोई अपनी मृत्यु को अपनी आखों से ही अपने ललाट में पढ़ सका, भले कोई कहता रहे कि 'भाग न बांचा जाये, पर अगर किसी ने भी प्रेम घर में प्रवेश कर लिया ,तो निश्चित है वह अपना भाग (भाग्य) वांच लेगा ।

इसमें कुछ भी संदेह नहीं ,पर प्रेम धर में प्रवेश कैसे वहीं 'शीश काट भुई में धरो - फिर बैठो घर माहि, सो यह रावण किस घर में बैठा, यह त्रिलोक जानता है प्रेम घर में बैठने का प्रताप धन्य रे 'प्रेम प्रताप' यह प्रेम निर्गुण सगुण भेद से दो भागों में बटा है।

यही दोनो निष्काम और सकाम रूप से व्यवहार में संसार की रचना करता है निष्काम प्रेम तो केवल प्रभु कृपा से ही संभव है । कोई साधन साध्य नहीं, बाकी सकाम इच्छा स्नेह तो हमें शीश देने पर प्राप्त हो सकता है ।

क्या मजे की बात है जब रावण को अपने दशमुख अग्नि को 'होम' देने से प्रेम (होम) - घर मिल जाता है अब घर मिल जाने पर प्रेम शरीर घर तो करेगा ही क्योंकि प्रेम में ,स्वयं एक चाह है या यों कहो कि चाह का नाम ही प्रेम है, क्या कोई ऐसा भी प्रेम है?

जिसमें कोई चाह न हो असंभव है हां भले प्रेमावतार यह कह उठें प्रयाग-संगम में स्नान करके कि मुझे किसी भी प्रकार के वस्तु शब्द अर्थ नहीं चाहिए और नहीं किसी भांति के धर्म अंग स्वरूप और प्रयाग चाहे वह साधुओं का हो या तीर्थ राज गंगा जमुना सरस्वती का संगम यह दोनो साधक को यही चारो पदार्थ दे पाते है पर धन्य रे प्रेमी तुन्हें इन चारो से ही ठुकरा दिया पर तू अपनी 'चाह' को न भूल सका क्या वह चाह 'रति' से अलग हो सकी ?

नहीं यह "जन्म जन्म रतिराम पद" यह राम चरणों की रति, क्या चाह नहीं, यह कोई कामरति क्रिया भले न हो ,पर काम देव की नारी तो नहीं छूट सकी अगर नाड़ी छूट जाती तो वह काम शिवकृपा से फिर अनंग हो जाता क्या मजे की बात है ।

'रति' नित्य है पर काम तो बार बार शिव दृष्टि से भष्म होता रहता है और हम द्वापर में भगवान कृष्ण के पुत्र के रूप से भसकेतु बन-बनकर भानुमति से पाल पोशकर शीघ्र अतिशीघ्र यौवनावस्था प्राप्त करता रहता है, काम को भले काम रिपुः भष्म करें, कर सकते हैं, पर क्या?

कोई पुरूष जो पुरूष को युद्ध पुरूष मार डालता है, क्या यही पुरूष कभी किसी शक्ति को जीत पाया?

हाँ शक्ति से विजय प्राप्त करता "शक्तिमान" पर चाहे वह शक्ति के मान कितने ही बड़े क्यों न हों, जीत लिये जाते हैं। पर तब तक शक्ति को न मारा जा सकता है न ही उस पर विजय प्राप्त की जा सकती है वह तो शक्ति है यही बात 'रति' काम की शक्ति का है जिसे शिवजी भी भष्म नहीं कर सकें, क्यो बड़ी ही गंभीर बात है, यह शक्ति जा सकती है?

आसक्ति है,अर्जित की जा सकती है,अगर शिव जी रति को भी भष्म कर देते तो फिर भगवान कृष्ण से काम देव किस प्रकार उत्पन्न होता और अगर रति को समाप्त करते तो फिर जिस रति से वह समाधि लगाते हैं।

समाधि किस प्रकार लगती रति तो चाहिए चाहे वह काम पद की हो या 'रामपद' की। रति तो रति है रात आत्मा है आतम संपूर्ण आत तम अंधकार रात अर्थात यही श्याम शक्तिमान है जिस श्याम को देखकर

भरत को ब्रह्म स्वरूप की झांकी श्याम वर्ण जमुना के जल में दिखती है।

यह रतिभाव नित्य है तभी तो भगवान के निजधाम में सूर्यचन्द्र का प्रकाश नहीं हैं वहां तो वह स्वयं प्रकाश रूप हैं बाकी सब रति की रात में रात है ,रहत है '' पुरूष प्रसिद्ध प्रकाश निधि प्रगट पराबरनाथ...... 116 बीका अर्थात नित्य धाम में जो सभी अनन्य भक्तों की कामना है। क्योंकि साकेत बिहारी सरकार की रति प्राप्ति की भावना प्रत्येक भक्त चाहता है क्यों जन्म जन्म 'रति रामपद' अर्थात हमें वह रति चाहिये जो नित्य एक सी हो जिसमें अन्तर न आता हो तो जहां प्रेम निष्काम भाव में भी रति को निर्मूल नहीं कर पाये। इसमें भी एक अखंड चाह की इच्छा बनी है, एक मांग है, भरत कुछ भी नहीं मांगते, पर रति रामपद की चाह शाश्वत बनी है ,यह चाह शिव है जिस चाह को मातेश्वरी भी शिवपद में लगाती है।

सती मरत हरिसन बरू माँगा।जनम जनम सिवपद अनुरागा।।
(बाल.कां. 65)

अब जहां निष्काम की पराकाष्ठा में भी रति की चाह है तो जो एक सकाम का राही जीव है वह तो अपनी उत्पत्ती की ओर जायेगा क्यों कि वह योनिज है और उसने अभी तक 84 लाख योनियों को भोगा है तब कहीं मनुष्य योनि में जन्म लिया फिर उसमें भी ब्राह्मण कुल में जो सभी वर्णों में प्रमुख है ।

ऐसा अवतारी रावण जिसने अपने दशो शिर स्वाहा कर प्रेमघर पाया है ,वह भी कोई कच्ची माटी का नहीं, संपूर्ण नगर स्वर्ण ही स्वर्ण का बना है, यह नगर उसे विधि प्रदत्त शिर काट कर हवन करने के बदले में मिला है।

धन्य रे यह प्रेमघर, स्वर्ण नगर लंका आज भी यह स्वर्ण चाह क्या किसी की मिट पाई है ? नहीं। भले हम अपने जीवन में एक अंगूठी ही न बनवा पायें। अगर हमें प्रेमनगर के घर में बैठना है तो प्रथम अपना शिर काट कर भूमि में रखलें पर कितनी विडम्बना है ।इस प्रेम घर की चाह में जो स्वर्णघर में भी संतोष नहीं है मगर इधर उधर भाग रहा है?

छीन रहा है संसार की सुन्दरतायें पुष्पक और पुष्प पुष्प धन्वा सी कामनियां। बचा कोई लोक इसके मारे जहां इसने चढ़ाई न की हो और

अपने बाहुबल से 60 लाख युवतियों को अपहरण कर उन सबको अशोक वाटिका में रखा।

जिसमें विशेषकर के देवकन्यायें यक्ष युवतियां, गन्धर्वी, राजकुमारियां नर कुमारी किन्नरियां नाग कन्यायें और अन्य जो जहां सुन्दर युवती पाई कि उनका हरण हो ही गया बल से नहीं तो छल से इस प्रकार से इसने एक शिर दे कर कितने शिर अपने पैरों में झुकाये। वैसे तो ब्रह्मसृष्टि में कहीं कोई भी स्वतंत्र नहीं बचा था सभी नर नारी दशमुख के वश में होकर नित्य ही चरणों मे नमन करते थे क्योंकि ब्राह्मण तो था तो क्या ब्राह्मण ही 'राक्षस' कहा जाता है।

अरे भाई कौन जाने ?

यह शास्त्रों की बाते हैं, उठाओ शास्त्र देखो, पलटो पन्ने, देखो तो सही, अरे अरे यह तो बैकुण्ठ के निवासी विष्णु भगवान के दरबारी जय और विजय है। जिन्होने संसार के षडरिपुओं पर विजय प्राप्त कर प्रभु के धाम पहुँचे थे पर जब यह दोनो बैकुण्ठ से लौटकर पृथ्वी पर आते है तो वह यहाँ राक्षस बन कर आते हैं ।

धन्य रे बैकुण्ठ जहां से जीव दुनिया में राक्षस बनकर आवे बैकुण्ठ में भी दुनियादारी है जहां महान संत शिरोमणि भी श्राप दे डालते है ।जिनकी उम्र सदा पाँचवर्ष की ही रहती है जिनमें षडरिपुओं का आवेश नहीं होता, ऐसे सनकादि मुनि बालक - जय एवं विजय को बैकुण्ठ से राक्षस बनाकर संसार में भेजते हैं।

और जाओ बैकुण्ठ को, अरे भाई अपने व्यवहार में ही देखो भगवान तो स्वयं हमारे हृदय में निवास करता है। जिसे यजुर्वेद चिल्लाकर कहता है कि जिस परमात्मा के हजारो शिर है जिसकी हजारों आँखे और हाथ पैर है वही प्रभू प्राणी की नाभि से 10 अंगुल ऊपर हृदयस्थ होकर विराजमान है।

पर क्या कभी कोई अपना शिर थोड़ा सा झुकाकर नीचे अपने ही एक हृदय में देख पाता है अपना शिर होम कर सकता है कटवा सकता है?

आकाश में देख सकता है पर झुका नहीं सकता, अरे भाई यहीं इसी हृदय में तो प्रेम का निवास है । प्रेम का वास अगर हृदय मे है, तो ज्ञान का शिर - मस्तिष्क में, हमें यह देखना है कि जो प्रेम घर में प्रवेश पाने

के लिये शिर काटने की बात कही गई है वह बिल्कुल अनुगुण है। क्योंकि शिर में अहम का भी तो वास है तो हम किस प्रकार से इस अपने महान शत्रु अभिमान को काटकर धरती पर फेंक देवें या अग्निकुंड वेदी में हवन कर देवें तो क्या इस रावण को शीश देने पर भी प्रेम घर नहीं मिला अगर मिला होता तो फिर क्यों कर लोक में 'बरी' सी रखता फिरा -

दिगपालन्ह के लोक सुहाए।सूने सकल दसानन पाए।

(बाल.का.182-7)

और जिस यज्ञ कुंड में इसने अपने दशो शिर हवन किये थे वैभव पाया था उसी यज्ञ से ब्राह्मणो का नाश करता है विरोध ठाना है मार रहा है संतो और देवताओं को क्यों?

क्या ज्ञान है कि जिस यज्ञ होम से ही तमाम विश्वोपरी वैभव मिला उसी से विरोध। यही तो नीच संज्ञा है जिसको जिससे बढ़ाई मिले उसे ही जो नाश करे उसे ही नीच कहा गया है। 'जे हिते नीच बढ़ाई पावा। सो प्रथम हि हति ताहि नसावा।

(उ.का.106-9)

यह बात भुशुण्डी शर्मा अपने गुरू के लिये कह रहे हैं कि मै अपने ही गुरू की बात नहीं मानता था, हे गरूड़जी यही नीच प्रवृति है। जिसके द्वारा ज्ञान वैभव मिलता है यह अज्ञानतावश उसी का विरोध करता है। तभी तो रावण यज्ञ श्राद्ध का और देव ब्राह्मणो का विरोध कर रहा है।

द्विज भोजन भख, होम, सराधा। सबकै जाइ करहु तुम्ह बाधा।।

(बाल.का.189)

निश्चित है इसे शीश देने पर भी स्नेह नहीं मिला, मर गया विचारा, अपने शिर-होम-होम कर और ढूढ़ता रहा 60 लाख युवतियो के योवन उरू उरों में तब भी उर नहीं मिल सका, हृदय का मिलान हृदय से ही होता है शिर से न,हीं शीश देकर प्रेमघ्षर में बैठने वाला रावण आज प्रेम का प्यासा होकर ही लोक लोक स्नेह की स्वाती बूंद को तड़प रहा है।

प्रगति की चरम सीमा को लांघने वाला दशमुख प्रेम की चाह में चुरा रहा है कितने चीर - हृदय को चीर चीर कर,तो क्या शिर दे देने के बाद भी कोई देना शेष होता है तो यह बात भी आगे होगी जिस मस्तिष्क के सहारे हम प्रेम-स्नेह ढूढ़ रहे है और कहीं भी 'मन का गुईयां'(मित्र)

नहीं मिल रहा है, जैसा कि प्रतापी दशमुख ने, स्वर्ण भवनों के खजानों में बल पौरूष में एक नहीं दशशिरो से वेदो को कंठ में ही धारण करने में, मन रूपी उदर से उत्पन्न मंदोदरी सी नारी में,त्रिलोक विजय में एक लाख पुत्रों की उत्पत्ती में और सवालाख पौत्रो के जन्म में और जिस स्वर्ग प्राप्ति के लिये साधक 100-100 यज्ञ करके इन्द्र पद पाने की अभिलाषा करता ।

उस इन्द्र को, जिस रावण का पुत्र मेघनाद बांध लंका बंदी बना लेता है, ब्रह्माजी एवं शिवजी को जब चाहे घरू पुरोहित की नाई बुला लेता है, पर अभी तक इसे स्नेह रस नहीं मिला। हाँ भाई ज्ञानी तो डग डग पर है धन धनी भी परिश्रम के पद - पद पर पड़ा हे सब कुछ ही सभी जगह भरा पड़ा है मिल जाता है।

पर प्रेम कहां किस प्रकार मिलता है, यह कौन जानता है?

कभी कभी हम तन, धन, बल, रूप ,ज्ञान प्रतिष्ठा विजय से मिले, प्रेम को ही स्नेह मान लेते है, पर जो प्रेम किसी भी सफलता के साथ मिला है। वह सारा का सारा प्रेम थोड़ी सी असफलता में बह जाता है ,तो क्या यह प्रेम कहा जाये ?

प्रेम तो शाश्वत है हर परस्थिति में एक रस है जिनके नाम इस प्रेम कोटि में गिनाये जाते है जिनकी उपमा नहीं है।

चकोर चन्द्रमा धन्य है सदा एक सो नेह।

बाईसकरोड़ सो मील बसें, दूर न दयालु गेह।।

मीन प्यसी नीर में, तनक न पानी पीर।

जरा न सरके ढिग भरें , जल-जल दयालु बीर।।

पी- पी स्वाती बूँद को, रहत पपीहा पीय।

पीक बहूँ तो मिले नहीं, पिये दयालु तीय।।

अनादि काल से सभी जीव स्नेह को ढूढ़ रहे हैं और आगे भी ढूढ़ते रहेगे शीश देकर या धन देकर या प्राण देकर प्रेमघर की गली भी बहुत ही सकरी है ,जहां एक साथ दो नहीं चल सकते।

इस प्रेम राह में तो एक चल पाता है। जो राह शिवजी ने बताई है...

शिव शिवा दोइ एक है ,अधे नर अरू नार।

रूप अनूप यह प्रेमको, दयालु देख उनार।।

यह प्रेम का मांझरा विचित्र. है जहां कृष्ण भी मनहारिन बनते है अपनी प्रेयसी राधे जू से मिलने के लिये और यह प्रेम की भेंट ही जीवन की तृप्ती है, मोक्ष है और प्रेम की भेंट न होकर प्रेम का घर न मिलने पर राही जीव भटक भी जाता है।

जिस प्रकार यह रावण प्रेम राह में ही भटक गया। उसे वह प्रेम नहीं मिल पाया जिसकी उसे चाह थी। खोजा तो उसने लोक लोक मे शक्ति से खोजा, सिर देने पे घर तो मिला, पर वह "सोने' का मात्र" सोने का जगत का नहीं ऊब गया, सोते सोते तब कोई 'बेन' जगाती है बहिन के रूप से और जाग्रत करती है, देख अगर तुझे प्रेम मिल जाये और उकसाती है उसी ओर जहां उसने अब तक खोजा था।

धन्य री सुर्पणखा वह उसे फटकार कर प्रेरित भी करती है जहां वह 'रति' शब्द को अधिक महत्व देती है। क्यों कि अभी तक रावण ने प्रेम रति में ही खोजा था, पर यह महान भूल है और थी और रहेगी भी, जब जब साधक ने रति में प्रेम खोजा है, तभी तब वह कामी हो गया, रति तो कामदेव की पत्नि है और काम राम से बिल्कुल भिन्न है।

जब रावण अपनी बहित सुर्पणखा से सुनता है कि कोई श्यामा कोटि कोटि शतकोटि रति भी उसके चरणों में निछावर हैं। तब सोचता है कि विश्व क्या सारे लोक-लोक की विश्वसुन्दरी तो मैं ले आया हूँ, यह रतिशत कोटि कौन है?

श्रृंगार और रति प्रयोग में 'श्यामा' स्त्री का वर्ण साहित्य में बाखूबी कहा गया है। 'श्यामा' सुन्दरता की पराकाष्ठा है जिसें श्यामा स्त्री के साथ अन्य ईंट का घर वट की छाया कूप का जल वातानुकूल कहे है अर्थात श्यामा स्त्री, ठंड में ऊष्मा देने वाली और ग्रीष्म में शीतलता को प्रदान करती है। यह प्रकृति से विषम गुण केवल एक श्यामा युवती में ही कहे गये है "अब यह श्यामा किसनारी की संज्ञा है।

मुझे तो लगता है कि जिसकी कोई उपमा न हो जैसे 'श्याम' भगवान वैसी श्यामा भगवती ही है, जगत जननी है और कोई भी 100 करोड़ ब्रह्मण्डो में नहीं। क्योंकि प्रत्येक ब्रह्मा के ब्रह्माण्ड में एक ही रति होती जिससे सारा जीव जगत सुख भोगता है। 100 करोड़ रतियों का स्थान तो इस एक ब्रम्हांड में ही नहीं है। बड़े ही आश्चर्य की बात है, रतिशत कोटि

नारी का पृथ्वी में आना पर बेन के बेन न माने तो भी भाई बहिन के प्रेम में बट्टा लगता है।

शोभ धाम राम अस नामा। तिन्ह के संग नारी एक श्यामा।।
रूप रासि विधि नारि संवारी। रति सत कोटि तासु बलिहारी।।
(अरण्य 22/8.9)

आदमी नारि को किस किस रूप में चाहता है, रति की तलाश चौथापन में रावण को सोने के महलों में भी सोने नही दे रहा,60 लाख युवतियो में उसे वह नहीं मिला जो प्रेम वह चाहता था, जिसमें अप्सरायें थी।

धन्य रे ,यह प्रेम की चाह एक एक रति में जब आदमी पागल है फिर 100 करोड़ रति पुंज में बचेगा क्या? आदमी पर देखिये जो काम से विमुख हो गये है जिन्होंने राम को चाहा राम रति चाही, उन बाल्मीक ने तो 'रामरति' श्री जी महरानी का चरित्र 100 करोड़ श्लोको में लिखा।

यहां काम की पराकाष्ठा रति कोटि 100 करोड़ ही कही जाती है। 14 पेज तभी तो उनके वाक्य है 'तुम्हे जगदीश माया जानकी' सोने के हिरण से हरण जा रहा है, ठीक ही तो है। 'हरण' - से हरण पर, सोने हरण से माया का हरण संभव नही हो सकता, क्योंकि हरण (हिरण) भी तो आखिर एक माया ही तो है और श्री जी तो माया मय ही है।

माया से माया चैकती है क्या नहीं फिर माया पति सन माया...................

सब प्रेम की माया है ,

दयालु प्रेम पता नहिं पाए।

कौन कहां कब कहां से पाये, कहां कहां ले जाए।। (प्रेम राह से)...................

आज अमरावति और भोगावति से भी अधिक रमणीक सुन्दर बाकी लंका निवासी दशमुख वन की ओर जा रहा है ।

वह भी 'सन्यासी' धन्य रे यह प्रेम तूने एक त्रिलोक विजयी रावण को भी आज सन्यासी बना दिया और कोई भी उपाय नहीं था क्या?

हाँ रति को राजा बनकर पाया जा सकता है ,पर राम रति को तो सन्यासी ही बनना पड़ेगा ।भले ही ऊपर से बनो पर एक बार सन्यासी

का चोला पहिनना पड़ेगा, देखो देखो भगवां परिधान परिवेश में भी क्या शक्ति है, जो कामी का मन पलट देता है।

पर इसके पूर्व जरा मारीच को देखें जिसने अपना एक शिर राम प्रेम को दिया और बैठगा उस परम धाम प्रेम घर में.......

कस न मरों रघुपति सर लागें.... (आरण्य 26/2)

और राम ने उसे उसके प्रेम की अन्तर्दशा देखी और मुनि को भी जो गति दुर्लभ है वह दी -

अन्तर प्रेम तासु पहिचाना।मुनिदुर्लभ गति दीन्ह सुजाना।।
(आरण्य 27/14)

.... निज पद दीन्ह असुर कहुँ दीन बंधु रघुनाथ।। (अरण्य कांड 27)

जब रावण 'शून्य' के बीच देखा वह बहुत ही गहन विषय विद्वान शून्य प्रवेश करवा रहे है। पर वहां साधक को कुछ भी नहीं दिखती पर रावण ने 'शून्य' के बीच में उस विद्या को देखा पर डर रहा है।

यही डर साधक को विद्या से दूर कर देती है अगर कही 'जती' के अन्दर से 'ती' निकल जाये 'यति' में 'ती' तो लगी ही है तन से ती स्त्री अगर छूट भी गई तो नाम मे 'यति' में 'ती स्त्री लगी ही है।

बिना 'ती' के यति शब्द नाम बन ही नहीं सकता अगर 'सन्यासी' है तो अन्त में 'सी' तो लगी है जिस सी के लिये रावण सन्यासी बना है पर आज की 'ती सी' सन्यासी को खबर ला देगी जिसे वह खोज रहा था सो स्नेह प्रेम माया से तो नहीं पर माँ से मिल गया।

सन्यासी जब सी के वचन सुनता यद्यपि यह वचन क्रोध से भरपूर थे तो भी रावण का कल्याण हो गया और बोल उठा -

सुनत वचन दस सीस रिसाना।मन महुँ चरन बंदि सुख माना।
(अर.का.28)

और अपने गिनते शीशो को चढ़ा चढ़ाकर वह प्रेम घर पा रहा है,

देखे युद्ध मैदान में जहां वह एक एक के कोटिन्ह पाए.............।

तो भी नहीं मर रहा है, जी रहा है, प्रेम के लिये पर इस प्रेम के कोई विरला विवेकी ही बता पाता है ।

किसके हृदय में क्या है, क्या भरा है ,रावण के शीष बार बार कट रहे हैं और हरेक बार ऊग रहे है, पा रहा है यज्ञ का फल अनंत कोटि गुना ,यह शिर क्यों कट रहे है ?

क्यों नहीं मर रहा है रावण?

इसे तो वही जान सकता है जो राम रति बाला श्री राम के चरणों में रति और विवेक में पूर्ण हो ऐसी है ,वह एक नारी 'त्रिजटा' जो जानकी जी को समझाती है।

हे राजकुमारी प्रभु इसलिये नहीं मार रहे हैं क्योंकि इसके हृदय में आप ही आप बिराजी है ।

आपकी याद जप नाभि कुंड में अमृत बनी है ,जिसने उसकी कुन्डलिनी जाग्रत कर दी है। जब तुम्हारी याद यह भूल जायेगा तभी मर पायेगा।

सो वही रामजी इसका ध्यान भंग कर रहें है। शिर काट-काट करके जब यह विकल हो जायेगा तुम्हारी 'सुरति' भूल जायेगा बस मर जायेगा।

प्रभु ताते उर हतन न तेही। एहि के हृदयॅ बसति बैदेही।।

एहिके हृदयॅ बस जानकी - जानकी उर मम बास है।

मम उदर अनेक लागत बान सब कर नास है।।

काटत सिर हो इहि विकल, छुटि जाइहि तब ध्यान।

तब रावनहि हृदय महुॅ ,मरि हहिं रामु सुजान।।

अब तो श्री राम ने उसके मस्तिष्क को काट काट कर व्याकुल कर, 31 बाण छोड़कर नाभि पियूष को सुखाकर 20 भुजा 10 शिर अलग हो गये ।

ज्यो श्री विद्या की समाप्ति विस्मरण में दशो विद्यायें गुम हो जाती है बस अब उसका जो तेज था, जिसके लिये उसने अपने शिर चढ़ाये वह प्रेम घर पा गया।

सारे जीव भर कर प्रकृति मार्ग से ही जाते है, पर रावण तो सीधा ही पर ब्रह्म परमात्मा के 'श्री मुख' में ही प्रवेश कर जिसको देखकर ब्रह्माजी शिवजी हंसते हैं।

तासु तेज समान प्रभु आनंन।हरषे देखि संभु चतुरानन। (लंका 103)

राम प्रेम परमारथ रूपा ....

बैठ गया रावण प्रेम घर में, यह बात तो हम ने दशमुख की देखी, अब जरा हम 700 रानियो वाले राजा दशरथ की भी प्रेम दशा देखे यह पहुँच पाये प्रेम घर में कि नहीं,यह तो सचमुच में ब्रह्म के पिता थे, जो ब्रह्म प्रेम से ही प्रगट होता है।

वह ब्रह्म जिसका पुत्र बन कर के आंगन में खेलता है ,उसे प्रेम घर न मिले तो और तड़प तड़प के प्राण त्याग देवे।

जिसने मझे हुये विचार में मछली का प्रेम मांगा था और जिसका प्रेम 'सत्य प्रेम' था जिसका कोटि का पात्र मानस से दूसरा नहीं है।

भाई बात बिल्कुल सच है बाप क्या दो चार होते है, बाप तो एक ही होता है और फिर ब्रह्म का बाप (पिता) तो कोई विरला ही बन पायेगा। यह सत्य प्रेमी कैसे बन गया ब्रम्हा का बाप ? जरा हम देखे तो मनु महाराज जो धर्म के एक मात्र पूर्ण ज्ञाता है ,वही भवन में रहते हुये ,अपनी रानी 'शतरूपा' के साथ भोगो से उपरति न देखकर जब पुत्र को राज्य देकर नैमीषारण्य में तप करने जाते है।

पर अपनी स्त्री का मोह अभी अन्दर से नहीं गया और नारि भी तो 'शतरूपा' अर्थात अनेक रूप में पति का साथ देती है ,वास्तव में पुरुष नारि के शतरूप ही देखना चाहता है और नारी की भी पूर्णता तभी है जब वह अपने पतिव्रत की रक्षा के लिये अपना श्रृंगार शत शत रूपों में करते रही। विभिन्न रूपों में ही श्रृंगरित नारी ही आकर्षित रूप है, प्रकृति भी तो शतरूपा है ,जो की बाग बगीचा बनी है।

कमल गुलाब बेला कलि, चंपा, चमेली, अनार।
गेंदा, जुही,तेशु, कुसम, कपास दयालु सार।।

शतरूपा ही प्रेम निधि है क्यों यह भोग के साथ योग तप में भी साथ रहती है बाकी तो मात्र धन बल रूप भोग में ही अधूरा संग दे पाती हैं । दोनो पति पत्नि एक पद से ही खड़े और मात्र अस्थि ही शेष बची, तो भी वह ब्रह्मा विष्णु महेश के आने पर भी वर नहीं भोगते वह परात्पर ब्रम्ह दो हाथ वाला नित्य पुरूष जिसे वेद भी 'पुरूषसूक्त' कहता, हे भगवान सूक्त नहीं, यह परम पूरूष माया रहित है ,नित्य है ।

वही अपनी अति शक्ति सीता जी के साथ प्रगट होता है और मनु शतरूपा पुत्र होने का वरदान मांगते है श्री राम जी यह बात स्वीकार कर उन्हे उनका पुत्र होना मान लेते है और कहते है कि अभी तुम जाओ और स्वर्ग में खूब सुख भोगो और जब तुम अयोध्या के चक्रवर्ती सम्राट बनोगे तब मैं तुम्हारा पुत्र होकर अवतार लूंगा यह बात सत्य है।

पर भगवान राजा की आयु का चैथापन लग जाता है तो भी पुत्र रूप से जन्म नहीं लेते क्यों?

क्योंकि किसी भी शरीर धारण करने को गुण एवं अवगुण चाहिए पाप पुण्य चाहिए जड़ चेतन भी शामिल हों तभी तो निर्गुण सगुण हो सकता तो भगवान तो केवल अभी गुण ही गुण है ,अवगुण तो उनमें आये ही नहीं मनु शतरूपा ने तो केवल गुण ही गुण कहा अब कोई भगवान को 'अवगुणी' भी तो कहे ,तभी वह पूर्ण रूप से मनुष्य बनने में समर्थ हो पायेगें। पर संसार का कौन ऐसा गुणी है विद्वान है जो प्रभु को, दोष लगा सके उन्हे अवगुणी करे उन्हे, कपटी, ईर्षालु स्वाथी, कुटिल, असंक जो भले बुरे को न डरे, ऐसा महान भक्त जो भगवान पर भी क्रोध कर उन्हे श्राप देता है कि तुम नारि के विरही नर बनोगे और जीवन भर नारि का विरह भोगते रहोगे।

धन्य रे ऋषि तूने भगवान को भी नारायण से नर बना दिया अब हमें विचार यह करना है कि यह घटना कैसे घटी ?

जिसमें भगवान को भक्त की श्राप लेना पड़ी अवश्य ही कोई भीतरी माझरा है जो क्रोध से भरा है श्राप का झरना जितना बन सका प्रभू को अवगुणी बना दिया और भगवान तो अवगुणी बनना ही चाहते हैं ।क्योंकि तभी तो अवगुणियों और दोषी पापियों की दशा का ज्ञान होगा जो प्राणी ग्रीष्म के तापो से तपा है उसे ही तो तरु छाया का सुख जान पड़ता है कि वृक्ष की छाया में क्या सुख है कितना इसमें सुख है।

जो कभी आनंद से विमुख ही नहीं हुआ सतचित्तआनंद स्वरूप है, आनंद सुख की राशि है भंडार है वह प्रकाश सूर्य परम प्रकाश सबका प्रकाशक राम, क्या कभी अंधकार के दुख विरह को जान पायेगा, कभी नहीं, सो एक भगत ने अब गत करही डाली।

जिसमें उन्हें भिन्नता का भी अनुभव होगा क्योंकि वह तो नित्य ही अभिन्न है श्री जू महरानी कभी उनसे अलग नहीं होती। वह क्या जाने राधे का विरह जिसकी आखें मात्र श्याम ही श्याम बचा पाई थी, धन्य रे ''नारद'' जिसका कोई भी 'दर' न हो वही है सार्वभौमिक नारद देवर्षि जिसके जीवन में ना रद नार - रद हो गई। जिसके जीवन में से नार निकल जाये वह निश्चत है पागल हो जायेगा, तभी राम जी व्याकुल हो कर वन के पशु पेड़ो से पूंछते है कि तुम्हने हमारी सीता देखी है?

आज तक किसी भी प्रेमी ने इस प्रकार का विरह नहीं किया होगा न हुआ होगा देखो यह झांकी जो हृदय को चीर डालती है।

हा गुन खानि जानकी सीता। रूप सील ब्रत नेम पुनीता।। (अर 30/
7)

हे खग 'मृग' हे मधुकर श्रेनी। तुम्ह देखी सीता मृग नैनी।।
एहि विधि खेजत बिलपत स्वामी। मनहुं महा बिरही अतिकामी।।

क्या मजे की बात है ,जिस हिरन ने ही जानकी जी को हरण कराने का नाटक किया था, उसी हिरन से ''नरही'' भी लीला हो रही है हिरन का उलटा 'नरहिं' बनता और भगवान नरहिं की लीला कर रहे है ।

यह विरह कामी भी जो झांकी बनाई गई है वह क्या नारद का श्राप नहीं ,हाँ नारद कब बौखला गये वही तो बात है, शिर देने की है बात प्यारी ,नारद तपकर के शिव जी के पास गये ,ब्रह्माजी के पास भी गये और फिर भगवान विष्णु के पास पहुँचते है।

बातचीत कुशल प्रश्न आगमन के साथ देरी से आने का कारण तप और यह अहम भगवान बैठ गया कि वही हमारे भक्त का संसार अपमान न कर देवे सो मै ही सुधार लेता हूँ और श्री पुर से अधिक वैभव श्रृंगार पूर्ण श्री नगर निर्माण कर देते है।

जहां शील निधि राजा की कन्या 'विश्वमोहनी' का स्वयंवर हो रहा मुनि को देख आदर के साथ बुला लिया जाता है और उनके चरणों में विश्वमोहनी को भी बुलाकर उसके हाथ देखने को राजा रानी मुनि से आग्रह करते है ।

हे मुनि इस कन्या के हाथ की रेखाओं को देखकर इसका भविष्य तो बताओ यह खुशी से तो रहेगी विवाह कैसे वर से होगा आप तो लोक

त्रिलोक का सभी ज्ञान रखते हैं आपने तो जगत माता पार्वती का भी हाथ देखा था और सारी बाते बिल्कुल सत्य ही सत्य उतरी इस कन्या का भी हाल बताईये इसका भविष्य जानने की हमारी प्रबल इच्छा है।

बताईये मुनि और जिस समय मुनि कन्या का हाथ पकड़ते है उसके हाथ मात्र के स्पर्श से पूरे शरीर में बिजली सी चमक जाती हैं 'विरति' योग मे काम ''रति'' की हाथ देखते जाते और विचार करते जाते है।

देखि रूप मुनि विरति बिसारी। बड़ी बार लगि रहे निहारी।।

जो एहि बरइ अमर सोइ होई। समर भूमि तेहि जीत न कोई

सेवहिं सकल चरा चरताही। बरई शील निधि कन्या जाही।

बस बैठ गया अर्थ कि जिस को यह विश्वमोहिनी वरेगी (जिससे विवाह होगा) वह अमर होगा, हर जीव की अभिलाषा ही है कि वह अमर रहे । सरल उपाय मिल गया बस इस कन्या के साथ विवाह होना ही अमरता का कारण अब जबकि अर्थ यह होता है कि जिसको यह वरण करेगी वह चराचर का स्वामी होगा तथा अमर होगा ,उसे यह वरण करेगी पर मुनि ने काम बस अर्थ का अनर्थ लगा ही लिया कि जिसे यह वरमाला पहिना देगी वह तुरंत अमर हो जायेगा यह काम की विवशता है।

अब यह राजकुमारी मुझे वरण कैसे करेगी इसे तो सुन्दर रूप बल चाहिए चलो तो हमारे तो भगवान विष्णु है ,बड़े दयालु हैं, वह अपना स्वरूप मुझे दे देगे और प्रभु तो तुरंत ही प्रगट हो गये। नारद जी तो हाले फूले नहीं समा रहे, तुरंत, हे प्रभु मुझे अपना रूप दीजिये जिससे मेरा विवाह हो जाये और मैं अमर हो जाऊॅ।

आपन रूप देहु प्रभु मोही। आन भाँति नहिं पावौ ओही।

भगवान ने यद्यपि कहा कि मुनि रोगी को कुपथ्य नहीं दिया जाता, पर नारद को काम के नशा में काम बात कहां सूझती, वे तो पागल है ,पागल और भगवान 'मर्कट' का मुख दे दिया। यह बात कोई ने नहीं जानी, केवल कन्या को दिखा और दो शिवगणों को, जिन्होंने नारद को जल में मुख देखने को कहा, बन्दर का मुहँ देखकर,आगबबूला हो गये मुनि और लगे फटकारने भगवान को.........

असुर सुरा विष संकरहिं ' आपु रमा' मनि चारू।

स्वारथ साधक कुटिल तुम्ह, सदा कपट व्यवहारू।।

बंचेहु मोहि जवनि धरि देहासो तु तनु 'घरेहु' श्राप मम ऐहा।।

बस क्या था, हो गया काम प्रभु के शरीर मिलने का अव सगुण शरीर बना लेगा। बनना मनुष्य था, विचारे मुनि की तपस्या, सारी की सारी ठिकाने लगा दी, उसकी सारी तपस्या की कमाई से लेते है, मनुष्य अवतार ' तभी तो कहते है, *बड़े भाग मानुष तन पावा।*

भगवान जानते है कि मनुष्य शरीर कितनी मुश्किल से मिलता है अर्थात एक नारद के बंदर मुख की देन से ही भगवान को दशरथ के आंगन में खेलनेमिल रहा है।

न नारद को वानर का मुख देते, न श्राप मिलती, नारी विरह के लिए दशरथ पुत्र बन पाते। यहां एक 'मुख' ही 'प्रमुख' कारण है ,अवतार लेने में 'नर-वानर' की यही संगति तो जानकी जी अशोक वाटिका में पूछती है।

बड़ी ही रहस्य भरी बात है जानकी जी की हनुमान जी से अरे भगवान को तो यह वानर मुख नारी विरह का श्राप देता है '' *नारी विरह तुम्ह होहि दुखारी.....*

फिर यही वानर विरह की सान्त्वना कैसे दे रहा है एक बार एक मुख भगवान ने देखा था, वानर का, सो यह दशा हो गई ।

अब हम भी एक कपि का मुख देख रहे है क्या होगा?

इस विरह का कैसे बैठती है, यह संगति नर वानर की प्रेम योग, मातेश्वरी ने बहुत लंबे इतिहास की चर्चा की थी ।

जिसमें भगवान को स्मरण आ जाये , न तुम्ह नारद को वानर का मुख देते और न यह विरह होता।

अब वही वानर का मुख मिला, खबर देने को,

तुमने भले नारद को नार नहीं दी, विवाह नहीं होने दिया, पर वह वानर मुख आज हमारे वियोग को तो शांति दे रहा है ।

इसलिये अब किसी के विवाह में रोड़ा नहीं बनना और न ही किसी को वानर का मुख देना, खबर रखना भगवान ,एक बन्दर के मुख ने तुम्हें इस हाल में कर दिया ,अब जे करोड़ो वानर मुख क्या करेंगे मुझे तो भय है?

हे भगवान सबेरे से इन बन्दरो का मुख न दिखे.................

बन्दर का मुख नारि विरह देता है, हाँ क्यों नहीं वानर मुख रूप ब्रह्मचारी है।

उसे नारी कहां पुसाती है पर माँ तो ब्रह्मचारी को भी प्रिय है। ऐसी मुश्किलों का मनुष्य शरीर ब्रह्म का जो ,दशरथ जी के अजिर में खेल रहा है। जो मंगलो का भवन है और अमंगलो का हरण करने वाला, जिसके उदार नाम को भगवान अपनी प्रिये पत्नि पार्वती उमा के साथ शिवजी जपते है और निरन्तर जाप करते है ।

राम नाम का जिसे वेदों ने अज निर्गुण कहा, अरूप अनाम भी कहा है ऐसा व्यापक 'केवल' प्रेम भक्ति के बस होकर एक कौशल्या (शतरूपा) की गोद में बैठ कर रोता है, हंसता है ,खेलता कून्दता , है क्यों?

व्यापक ब्रह्म निरंजन, निर्गुण विगत बिनोद ।

सो अज प्रेम भगति बस, कौशल्या के गोद ।। (बाल. 198)

जो अज है, जिसका किसी भी प्रकार संसार में जन्म संभव नहीं होता, वह भी प्रेम के वशीभूत होकर जन्म लेता है।

तभी तो शिवजी ने पूर्व में यही कहा है प्रेम ते प्रगट होहिं मैं जाना...

प्रेम ही भगवान को जन्म लेकर सगुण होने को बाध्य करता है और परम से परमाद्य परमेश्वर स्वतंत्र होते हुये, परतंत्र हो जाते है। वास्तव में प्रेम ही आदमी की नचाता है, एक राजा भी रंकी के पीछे पागल हो जाता है, अखिल ब्राह्मण्ड नायक भगवान कृष्ण गोकल की गोपियों के छांछ पर नाचते है ,यही तो स्नेह का खेल है।

प्रेम संग में जे प्रे (पिरे) सो चाखे माँ नेह।

प्रेम रस सो रस नहीं, 'पिया' दयालु गेह।।

सो रस जान महेस .... ।

इस प्रेम रस गेह को शिव ने ही जाना है और वही अब दशरथ अजिर में बह रहा है, भवन बन नहीं रहा ,सो बाहर भी वह चला है ,

पर क्या यह प्रेम रस दशरथ जी ने नहीं पा पाया वह तो सत्य प्रेम के साधक थे?

सत्य प्रेम जेहि राम पद ....।

फिर क्यों उन्हे राम की गोद नहीं मिली जो गोद उनके छुटपन के मित्र जटायु को मिली और राम के सामने गोद में ही प्राण निकलते है

और वह अभिष भोगी गीध तुरंत हरि रूप को पाकर ही रामधाम को जाता है ।

जो दशरथ तेल की नाव राणे रहे पुत्र की बाह क्यों प्रेम शब्दो का खेल नहीं प्राणों का बलिदान है, प्राणो का प्रण है, प्राणों परिषबइ है ,यही प्रेम का अनुगुण रूप है।

क्यों न हो जटायु की मृत्यु भगवान की गोद में,उसने अपना शिर सत्य बोलकर कि मेरे प्राण मेरे पंखो में है और जटायु ने पूछा कि हे रावण तेरे प्राण कहां है तो उसने कह दिया मेरे पैर कें अंगूठे में हैं ।

रावण ने असत्य बोला और ज्यों ही जटायु ने सीते को बचाने के लिये उसके अंगूठे में चोंच मारी तभी उसने छल से जटायु के पंखो पर वार कर दिया।

बिचारा अधमरा गीध पड़ा है, धरती पर कराह रहा है, यह है प्रेम की महिमा, जिसने गीध पक्षी होकर भी, एक अबला की लाज बचाने को अपने ही प्राण खो दिये।

आज क्या भारत का आदमी इस जटायु की बात सुन रहा है, देख रहा है, बचा रहा है नारि को ?

बल्कि विवस्त्र, निवस्त्र करता जा रहा है देख रहा, माडल बनाता है। दुकानों पर आकर्षण कितनी युवती हो रही है, मौत की शिकार, कितना अपहरण, कितनी खरीद माशूमों की..

धन्य रे आज का भारत, जहाँ का एक गीध भी नारी को बचाने के लिये प्राण देता था। वहां अब एक भी विज्ञानी विद्वान पहिलवान शक्तिशाली राजपुरूष नहीं बचा जो कम से कम जटायु ही बन जाये।

एक 'पक्षी' ही तो बन जाये ,पर आज का पुरूष क्या नारी का पक्ष कर रहा है।

हां सर्विस का पक्षी है जिसमें और भी सुख साधन बन जायें, अरे भैया जटायु की पक्ष लेकर माता को बचा लो।

यही प्रेम में शीश देना है, इस प्रेम शीश देने पर भगवान की गोद प्रेम घर मिलता है और भगवत स्वरूप से मुक्ति मुक्ति भी।

गीध देह तजि धरि हरि रूपा। भूषनबहु पट पीत अनूपा।।

श्यामगात विसाल भुजचारी।...................

भगवान ने उसे सारूप्य सालोख्य से मुक्ति दी और मजे की बात इसी से पिताजी को खबर देते हैं जिसमें पिता को बोध हो जायं।

'सीता हरन तात जनि, कहहु पिता सन जाइ। (अरण्य- 31)

अर्थात इस बात से निश्चय है कि जिस घर में पिता है ,वहीं पर गीध हरि रूप पहुँच रहा है, पर दशरथ जी अभी नृप रूप में ही विराजे हैं ।

यह सब केवल रति, काम रति और राम रति के प्रेम का खेल है ,तभी तो यहीं भगवान शिवजी उमा जी को कहते है, समझाते है।

सुनो उमा विषय अनुरागी और प्रेम का अन्तर जो लोग प्रेम को त्याग कर मात्र विषय के अनुरागी (प्रेमी) होते है ,वह पूर्ण रूप से अभागी है।

सुनहु उमा ते लोग अभागी। हरि तजि होहिं विषय अनुरागी।।

(अरण्य 33/3)

तो यह बात निश्चित ही दशरथ की ओर इंगित करती है, क्योंकि (उन्होंने) राम को पीठ देकर काम रति के सम्मुख गये, जरा चले पीछे अयोध्या के महलों में,

क्या हुआ जिससे राम यहाँ वन में पधारे ?

राजा दशरथ को लगा कि मैं राम को राजा बना दूँ और सारा साज एक किया गया। कुल गुरू वशिष्ठ को बुलाकर रामजी को शिक्षा दिलाई गई कि अभिषेक के नियम क्या है उसके पहिले क्या करना है, कैसी साधना - संयम करना है ,गुरूवाक्य

राम करहु सब संजम आजू। जौं विधि कुसल निबाहै काजू।। (अयो 10/2)

यहां गुरू जी रामजी को आज्ञा देते है कि तुम्हे हर प्रकार से संयम करना है केवल तीजा के व्रत की नाई 'ककरी' (खीरा) खाकर ही संयम कर लिया जाता है ।

अरे क-करी यह भी तो सोचो कि हमें क्या करना है, क्या नहीं करना है?

बस 'ककरी' खाने भर से संयम हो जाता है ,संयम तो इन्द्रियो को वशीभूत करना है।

संयम - सम-अर्थात शम भलि भांति ,यम-रोकना, इन्द्रियों सहित मन को जीतना ही सच्चा संयम है।

यह कई प्रकार से कहे है मनु ने इन्हे, सत्य, ब्रह्मचर्य, अहिंसा, अस्तेय, दया, आर्जव, क्षमा, धृति मिताहार, शुचि,मान सभी

सम जम, नियम फूल फल ज्ञाना। हरिपद 'रति' रसवेद बखाना ।

गायत्री भाष्य में यह यों कहे गये हैं

शौचे ज्याचतपोदानं स्वाध्यायोपस्थनिग्रहम्।

व्रतोपवासमौनानि स्नानंच नियमादश।।

यह सभी शिक्षा वशिष्ठ जी राम जी एवं जानकी जी को देकर चले गये है । राम जी संयमावस्था में रहकर भी ,भरत जी के बारे में सोचते हैं, सब कार्य साथ-साथ हुये जन्म, विवाह ,खेलकूद, संस्कार नाम के उपनायनादि पर यह क्या है?

जो मात्र बड़े को ही राज्य दिया जा रहा है ' विमल वंश यह अनुचित एकू......

अब यहां राम तो संयम में हैं,

पर गद्दी देने वाला संयम में नहीं रह पाया।

यद्यपि उसने सत्य का नियम तो रख लिया पर ब्रह्मचर्य टूट गया।

तब तो वह एक विशेष रूचि लालसा लेकर रानी काश्मीर की कन्या कैकई,जिसने कै-कई कितनी कहीं ,सो यह राजा ही जाने उन्होने सुनी हैं।

आज कैकई ने अपना नाम सार्थक कर लिया -कै-कै करके और कह डाली, वह बात भी जो काम रस के अवसर भंज गई अन्यथा अगर ब्रह्मचर्य पालन होता 'मौन' स्वाध्याय उपस्थ निग्रह उपवास का संयम तप की भूमि यज्ञ में स्वाहा का संकल्प होता तो, पर मात्र ब्रह्मचर्य के भंग होने पर सारे संयम टूट गये और दशरथ की मृत्यु रति की पीड़ा में ही हुई।

राम का वियोग भी रति का स्नेह रहा –

चलो दशरथ जी के साथ उस रति भवन में जहां सुन्दरता रूप मोहनी काश्मीर कुमारी बैठी है। कहां तो आयोध्या के निवासी अगले जन्मों की कामना कर रहे है कि हे भगवान हम अपने अपने कर्मो के वशीभूत हो कर ,जिस जिस जन्म में उत्पन्न होवे, जिस जिस योनि में जावे वहां हमें, हमारे श्री राम स्वामी के रूप में ही मिले और हम उनके सेवक ही बने क्योंकि राम के समान, कोई भी प्रेमी और शील का निभाने वाला नहीं है।

क्या अभिलाषा है बेजोड़ भाव है,

को रघुवीर सरिस संसारा। सीलु 'सनेहु' निबाहनि हारा।।

जेहि जेहि जोनि करम बस भूमहीं। तहँ तहँ ईशु देउ यह हम ही।।

सेवक हम स्वामी सिपनाहू। हो उनात यह ओर निबाहू।।

अस अभिलाषु नगर सेवकाहु.....................

जहां राम प्रेम की बात हो रही हो, वही राजा दशरथ जिसके बल से सुरपति भी निसंक रहते थे, जिस राजा ने अपने शरीर पर बज्र के आघात सह लिये, वही अब पुष्पो के बाण से मारा जा रहा है।

यह सब काम रति महारानी का प्रताप है -

सूल कुलिस असि अंग निहारे। ते रतिनाथ सुमनसर मारे

देखा काम प्रताप बड़ाई ....।

तुलसीदासजी महाराज भी यहां पर बड़ी मूंदी मार मार रहे हैं।

अरि प्रिये धरी कुधनी, तो देखो,

हे सुमुरिष, सुलोचनि, पिकबचनी,

हे गजगामिनि - अरि भावनी, भूषन सजहि मनोहर गाता....

हे प्राण प्रिय, तुम अपने मनोहर शरीर पर वस्त्राभूषणों का श्रृंगार करो।

क्या यह फटे पुराने मोटे कपड़े पहने हो?

क्या तुम्हे कोई खुशी नहीं है?

श्रृंगार करने को कहना तात्पर्य ही क्या है वहां राम जी 'कुशासन' पर विश्राम कर के संजम कर रहे है, यहां पिताजी प्रिये पत्नि को नवीन रेशम वस्त्रो का श्रृंगार करवा रहे है।

कितने सुन्दर सुन्दर वचन कहे जा रहे हैं एक ही साथ और उसने राजा को फासने के लिये और जब पूर्ण श्रृंगार करके शैया पर आ गई ,तब राजा फिर कहते है।

प्रेम पुलकि मृदु मंजुल बानी.....

यहां की समस्त क्रिया कलाप काम रति से परि पूर्ण हैं ।

तभी तो तुलसी ने कहा कि यह बस काम का कौतुक है, जैसा नचा डाले, नचा सकता है ,राजा होय रंक...

तुलसी नृपति भवतव्यता बस - काम कौतुक लेखई।।

(अयो.छंद.25)

जिस राजा को राम पर सत्य प्रेम था ,वह रति के वश हो गया , उसने अपने प्राण दे दिये और राम को वन क्यों?

ऐसा हुआ कितने आश्चर्य की बात है!

जिस घर में मंगल भवन श्री रामजी रहें हो, घर का स्वामी राजा उसे घर न बना सका, उसके प्रेम घर में न बैठ सका, जब उसे राज्य पर बैठाना था। तब तो उसके मन में काम कैकई बैठ गई और रति की स्मृति मन में बैठ गई सो अब पुत्र गोद नहीं मिल सकी, जो एक साधारण पिता भी चाहता है।

मृत्यु के समय मेरा पुरा (पुत्र) मेरे पास रहे - यही बात तो श्रवण कुमार के माता पिता के लिये घटी जिनका पुत्र अपने माता पिता को अपने शिर पर रखे रखे तीर्थ करा रहा था पर शिकार के निशाने शब्दभेदी वाण कला ने, राजा दशरथ से यह अन्याय करा दिया। श्रवण कुमार को उनके माता पिता नहीं पा सके।

वही श्राप आज राम प्रेम घर को छुड़ाकर रति घर में प्रवेश किये है ।अगर जीवन में सत्य प्रेम के घर में न बैठ सके तो ,कम से कम प्राणों को ही उस घर में बैठा दे, यहां पर हम कैकयी के साथ अन्य दो स्त्रियों को देख सकते है।

किस प्रकार उन्होने अपने ही पतियो को राम के समीप करने के लिये रति से दूर किया भले सो भोग रति सुख उन पतियों न मिला हो और उन्हें उस समय बहुत ही दुख हुआ पर वह प्रेम घर में प्रवेश कर गये।

क्या हम जान सकते हैं कि यह श्री राम चरित्र मानस लिखने की प्रेरणा क्या है, हम कहेगे यही न ,जो

सपनेहूँ सांचेहूँ मोहि पर, जौ हर गौरि पसाउ। (बा.15)

जोशिव पार्वती जी ने स्वप्न में कहा वही गोस्वामी जी लिखा,

नहीं ,नहीं ,वह तो यह भी कहते है, मैं वह लिख रहा हूँ...

जो मुझे गुरू नरहरियानंद जी सुनाई सो लिख रहा हूँ पर यहां की बात नहीं है ...

जो कथा याज्ञवल्क्य ने भरद्वाज को सुनाई, जो कथा शिवजी ने पार्वती जी को सुनाई और वही कथा कागभुषुण्डी को दी गई । इन्ही भुषुंडी शर्मा द्वारा याज्ञवल्क्य को सुनने मिली फिर बाद में यही कथा भरद्वाज

को सुनने प्रयाग में मिली।

यह तो कथा की कथा लिखने सुनने का क्रम है ,पर बात है यह तुलसी से लिखवाने का 'सिर' किसने फेरा है ?

किसने ही अपनी प्रेम गर्दन काटकर चढ़ा दी?

अपने भोग सुखो की बलि धन्य है, यह प्रेम जरा देखें,

हम आज वह प्रेम जिसके कारण हम सब संसार के प्राणी 'मानस' को हजारों लाखो के व्यय से कथा सुनते हैं। पर कभी क्या हम उस प्रेम की याद करते हैं?

तुलसी की तो बात बात पर जय बोलते हैं ,पर हां एक बात अवश्य है,

शायद है आज तक ही कोई ऐसी प्रेमी पति होगा कि जो अपनी पत्नि को इतना स्नेह किया हो विवाह होने से ही जो बिचारी 'रतना' नव वधु के रूप से घर मे आती है तो महान विद्वान संत कवि बल पौरूष एश्वर्य का धनी और रूप की तो बात ही क्या है?

जिसे माता पार्वती का पयपान करने मिला हो, उसकी सुन्दरता क्या "सत्यं शिवं सुन्दरम्" से कम रही होगी?

पुत्र को ही तो मां का दूध मिलता है और पिता के ही अनुरूप होता ही है।

क्या कोइ शिव से अधिक सुन्दर है नहीं ,मानस में तुलसी ने शिव की सारी सुन्दरता का रहस्य खोला है, जहां उन्होंने बहुत ही कम शब्दों में संपूर्ण सुन्दरता कह डाली है।

कुन्द,इन्दु,दर,गौर,सुन्दरं,अम्बिका,पतिम,भीष्टसिद्धिदम्।
कारूण्र्ा क कलक्ं'ज लोचनं नौमिशंकरमनंग मोचनम।।'
(उत्तर'श्लोक 3)

इन सुन्दर वस्तुओ पर अगर गंभीरता से विचार कर लिखा जाये तो निश्चित है एक अद्वितीय सुन्दरता का सुन्दर ग्रंथ ही बन जायेगा।

केवल मै यहा एक हीबात कहता हूँ,

किसी की भी सुन्दरता या सुन्दर कहने को सुन्दर ही कहेगे या फिर अति सुन्दर अति के बाद कोई शब्द नहीं होता, महा, परम यह तो सब शब्द पीछे के है, जैसे यज्ञ, महायज्ञ, अतियज्ञ बस तब सुन्दर तो कहना ही पड़ेगा।

अब यहां तुलसी ने जो बहुत ही खूबी से सुन्दर में से 'दर' निकाल शंख का पर्याय रखा है यही बात गंभीर है सुन्दर में सुन्दर एक ''दर'' ही है और वह है 'शंख' अगर सुन्दर में से दर निकाल लिया जावे तो सुन्दर, सुन्दरता के दर (दरवाजो) से बाहर तो जायेगा अर्थात अगर कोई सुन्दरता की दर (कीमत) है।

तो शिव और तो फिर 'दर' का उलटा ही रह जायेगा 'रद' तो शिव जी सुन्दर की दर है और वाकी सब सुन्दरताये 'रद' है तभी वहां सारे संसार को क्या त्रिलोक के जड़ चेतन को नाच नचाने वाला बहुत ही सुन्दर हो जिसको एक मान है कि भगवान श्री राम कोटि कोटि काम से भी सुन्दर है ।

ऐसी सुन्दरता का मान, कामदेव को भी जिन्होने अपनी सुन्दर नजर से देखकर ''राख'' कर अनंग कर दिया। इस प्रकार रति पति शिवजी सुन्दरता के सामने अपनी सुन्दरता 'राख' न सखा हो गया, वह राख का ढेर और बन गया ,विभुति जो भगवान शिव को चढ़ता है, मुर्दा की राख यही तो है, नागो के शरीर की सुन्दरता जो काम की राख को शरीर पर भष्मी चढ़ाते है ।

संसार का कोई भी जीव प्राणी आदमी इतना ही सुन्दर तो सकता पर शर्त तो यह है कि वह जब कामदेव की रति को अलग रख करके काम को अपनी नजर से नाश कर डाले और फिर मरे मराये अनंग को अंग में राख लगाले। विभूति बस ''बन जायेगा संसार का अद्विवतीय सुन्दर 'मुर्दाशंख' को लगाकर ही तो दिखो रामलीला के पात्र भी कितने सुन्दर लगते है।

जब संसार में मुर्दा शंख को लगाकर सुन्दर लगते है ,फिर तो जो चेतन शंख काम देव की राख लगाये है, वह कितना सुन्दर होगा?

फिर उसका पुत्र जिसे मातेश्वरी स्वयं ही दूध पिलाती है, धन्य रे, दुलारे प्यारे पार्वती के तुलसी अगर हम लोग यह बात कहें कि मां का सच्चा दूध एक तुलसी ने ही पिया ''लोग कहते हैं अखाड़े के मैदान में आ जाओ जिसने जिता (जितना) मां का दूध पिया हो.........

पर क्या है कोई माई का लाल इस दुनिया में आज जो तुलसी का सामना कर सके?

तुलसी की एक महान घोषणा पढ़े सुने समझे और चिंतन करें निराकार वादी ..

ज्ञान कहे अज्ञान बिनु तम बिनु कहे प्रकास।।

निरगुण कहे जो सगुनबिन सोगुरू तुलसीदास।। (दोहाबली)

जो हम जब भी निर्गुण की चर्चा करेगे सो सगुण शरीर से ही तो बोलेगे ठीक है ,बात हो रही एक सुन्दर महान पुरूष की जिसने अपनी पत्नि को हृदय ही रखने की राह ली ।

उसे अपनी आँखों में औझल ही नहीं होने दिया, विवाहोपरांत 3 वर्ष लगातार उसे मायके ही नहीं जाने दिया, बड़े गजब की बात है ।

आज की बात होती तो, ठीक थी, डबल बैड का जमाना है।

पर यह तो बात उस समय की है ,जब लोग कितने संकोची थे,बहुओं ने सास के सामने भी दुग्ध पान नहीं कराया फिर और अन्य बातो की तो बात क्या है।

फिर यह तो मात्र 50-100 वर्षो की चर्चा है तुलसी तो फिर आज से 1554 संवत में अवतार लेते है और संयम कितना सद संयम का होगा पर, धन्य रे प्रेम, हाँ ठीक है जो जितना विद्वान शास्त्रों का अध्ययनशील मनन वेत्ता होता है, वह उतना ही स्नेही होता है।

जैसे भगवान शिव जी, पार्वती को लेकर अपने कन्धे पर मृत शरीर लिये संसार में घूम रहे हैं, कितनी विचित्र बात है, एक परम वैराग्य स्वरूप पुरूष अनुराग में कितना डूबा है कि उसे यह होश ही नही है कि यह शरीर अब मृत है, उसे अग्नि संस्कार कर देना चाहिए पर नहीं रो रहे है टीय रहे हैं, क्या कोई इतना प्रेमी हुआ है स्त्री का जो लाश लेकर घूमा हो ?

मरते ही आग में भूंज देते है, भोले बाबा की रोने की तो बात ही क्या है, आंसु पुंछने की बात नहीं, एक धार बह गई जिससे लोक बहने की नोबत आ गई, जिसे रोकने के लिये शनि को भेजा गया पर वह भी असमर्थ रहा आंसु सुखाने को और पत्नि के वियोग से बहे आंसु यम लोक बहते है नदीं 'वैतरणी' बनकर, धन्य रे स्नेह जिसके आँसुओं ने एक नदी बना डाली,जिसे कोई भी जीव पार नहीं हो सकता, उसे गौदान की गौ पूंछ पकड़कर ही पार हो पाता है,

नेह वियोग सरिता वही, शिव अंसुवन की धार।
'वैतरणी'यमलोक बनी, कोउ न दयालु पार।

जब एक बैरागी का राम ,अनुराग इतना है ,तो फिर जो संसारी जीव है, जो राग में ही जीव जाते हैं उनकी दशा होगी।

तभी तो तुलसी कहते हैं,

अलि,गज,मीन,पतंग,भृंग जलत एक ही आंच।
तुलसी वे कैसे जिये, जिन्हे सतावत पांच।।

यह पाँचों अपने स्नेह –प्रेम घर में मर जाते है पकड़े जाते हैं, भागते नहीं जबकि पशु योनि में हैं कोइ वेद पुराण का ज्ञान नहीं रखते तब भी स्नेह का ज्ञान भरपूर निभाते है।

स्नेह आत्मा का स्वभाव है, प्रेम कभी ज्ञान जनित नहीं है ।

हां प्रेम से ज्ञान भले ही जन्म ले लेवे, अब देखिये एक संसार का अद्वितीय विद्वान वेद पुराणों का परम ज्ञाता, जिसे अब कोई भी ज्ञान नहीं है बस केवल दिन रात पत्नि रत्ना का ही चिन्तन शेष है, उठते बैठते, खाते पीते, नहाते धोते, कभी कभी नहाते नहाते इतनी वेशुधी हो जाती कि वैसे ही गीले कपड़े ही पहिन चले आते थे, बड़ा कौतुक था तुलसी का पत्नि प्रेम जो गांव घरो में तमाशा बना था।

एक ओर उनकी ज्ञान की चर्चा, तो दूसरी ओर प्रेम दोनो बेजोड़ थे, पर पत्नि तो प्रेम से हूब गई थी, क्यों क्या प्रेम से भी स्त्री तृप्त हो जाती है?

यह कितनी विचित्र बात है तुलसी जैसा पुरूष स्नेह पाकर भी 'रतना' क्यो हूब गई, यही तो बात है 'प्रेम' पुरूष जाति का पौरूष हैं ,प्रेम स्त्री लिंग में नहीं आता।

हां जिन्होने प्रेम किया है तो पौरूष के सहारे ही ,अगर प्रेम स्त्री की चाह होती तो तुलसी के स्नेह से ऊब कैसी ?

उन्हे अकेले भी छोड़कर अपने भाई के साथ घर कैसे ?

यह घटना कोई व्यक्ति की नहीं है, यह तो लोक संसार भर के प्राणियो की है वास्तव में स्नेह की वर्षा स्त्री रूप भूमि नहीं रख पाती, अधिक वर्षा में वह फूट जाती है और वह जाती हैं।

महावृष्टि चलि फूट किआरीं। जिमि सुतंत्र भए विगरहिं नारी ।

मानस में भूमि, जल की बात बड़ी गंभीर है पर सब बाते मानस की ''कथा'' प्रवचन बन गई उन्हे जीवन के चिन्तन से दूर ही रखा गया है कहां है 'मानस में 'मानस'?

सुमति भूमि-थल हृदय अगाधू। वेद पुरान उदधि धन साधू।

प्रेम भगति जो बरनि, न जाई । सोई मधुरता सुसीतलताई।।

और अंत में फिर

पुलक वाटिका बाग बन, सुख सुविहंग बिहारू।

माली सुमन 'सनेह जल' सींचत लोचन चारू।।

अगर हम ऐसा कहे कि पौरूष प्रेम ही स्त्री की रचना है ,

क्योकि आदि में परम पुरूष ने ही स्त्री की रचना की है अर्थात पुरूष के प्रेम की अंगड़ाई ही नारी है और फिर मनु विधिका दाये अंग है तो शतरूपा विधि का वाम अंग है।

जो भगवान विष्णु की दृष्टि की सृष्टी है।

तो जो पुरूष के 'वाम भाग' का भाग है वह तो वामा से वाम होगी ही, दाये कभी हो नहीं सकती, वामा अगर तुलसी वाम हो कर मायके चली गई तो वाम की क्रिया अपनाई जो कि वामा है ।

यह बात पार्वती जी भी कहती है 'नारि सहिज जड़ अन्य' क्यों यद्यपि वह स्वयं अपने लिये ही कह रही है पर......

क्योंकि वह पति के प्रेम को छोड़कर राम की परीक्षा करने गई थी फिर उन्होने कपट भी किया अगर वही आकर यह बता देती कि हे प्रभु आपने ठीक ही कहा था ।

मैं भूल में थी राम हमारे इष्ट हैं यह मैने जान लिया तो शिव बहुत ही प्रसन्न हो जाते पर परीक्षा के वाद भी असत्य भाषण किया गया तब शिव ने इस शरीर से परित्याग कर दिया पार्वती जी को बताया भी नहीं तब पार्वती जी मन में सोचती है।

सर्ती हृदयॅ अनुमान किय ,सबु जानेउ सर्वग्य।

कीन्ह कपटु मैं संभुसन, नारि सहज जड़ अग्य।।

यही अग्यता जड़ता नारी को प्रेम से वंचित करती रहती है। अहिल्या भी अपने प्रियतम गौतम को कितनी प्यारी थी पर वह भी उनका प्रेम जान न सकी और ऐन्द्रिक स्वभाव के वशीभूत होकर जड़ भोगत्व में जड़

पत्थर ही बनी पड़ी रही।

नारि भोग चाहती प्रेम योग नहीं, पुरूष का योग बनता भी है तो मात्र वह भी भोग भागे ही चाहती है, बिरली सती सवित्री, विरली पतिव्रता ही प्रेम योग में संग दे पाती है।

मैं तो कहता हूँ कि जो प्रेम योग की योग वाली है वही पतिव्रता है ,एक नारि अपने पति जो रोगी है, उसे नगर वधु के घर ले जाती है क्यो ?

यह प्रेम योग ही है प्रेम में कभी ऊब नही तृप्ती नहीं वह तो दिन दिन बढ़ता है ,भोग का प्रेम ऊबता है ,जिसमें ईर्षा डाह बेचेनी खीज उत्पन्न होती है।

पर प्रेम तो वह चन्द्रमा है जिसमें पूर्णिमा होती ही नही है। यह प्रेम स्वरूप पतिव्रत्य के कितने उदाहरण हमारे शास्त्रों में लिखे है, जिसने अपने पति प्रेम के अखंड व्रत से युगो को बदल दिया।। महान दानी अपनी अस्थियो से वज्र बनवाने वाले ऋषि दधिचि जिनकी गभस्तिनी के उदर से जन्म लेते बालक पिप्पलाद ,जिन्हे मां के स्वर्गवास हो जाने पर पीपल ने पाला ,सो पिप्पालाद कहे गये यह वृद्ध हो चुके, तभी चक्रवर्ती सम्राट अनरण्य की पुत्री पद्मा से विवाह किया।

पद्मा और पिप्पलाद में शारीरिक बल में बहुत ही अन्तर था ,रूपयोवन की श्रृंगार योवना श्यामा अपने आप में एक थी और पिप्पलाद तो बूढ़े ही थे, इसी अवसर में क्या उनका सबंध भोग का था या प्रेम का हाँ पूर्ण प्रेम था, अखंड प्रेम का नाम ही पतिव्रत धर्म है जो पद्मा में था ,इसी प्रेम अवसर के बीच धर्म ही पूर्ण यौवन के श्रृंगार से उपस्थित हो जाते है और पद्मा से कहते क्यों अपना यौवन व्यर्थ गमा रही हो यौवन बार बार नहीं आता भोग के लिये यह समय ही उत्तम होता है, देखो मै तुम्हारे योग्य हूं और पौरूषयुक्त भी हूं।

जब धर्म रूप युवक कुछ ज्यादा ही पिप्पलाध की निंदा की तो पदमा ने उसे श्राप दे डाली कि तेरा ह्रास हो जाये, बस क्या था ज्यों श्राप मिली तो धर्म अपने स्वरूप में प्रकट हो गये पदमा को बड़ी ही ग्लानी हुई कि मैंने धर्म को ही श्राप दे डाली, क्षमा के साथ कहती है, हे धर्मपिता मैं अब श्राप तो मेंट नहीं सकती पर तुम्हारा एक-एक अंश चरण से ह्रास होता रहेगा और तुम्ह सतयुग में, जो अभी चार चरणों से हो अब त्रेता में तीन

से और द्वापर में दो चरणों के होकर कलयुग मात्र एक पैर से ही चल पाओगे और तब से धर्म के सरूप का ह्रास चरणों में हो गया।

विचार करिये एक प्रेम के पौरूष ने धर्म के पैर काट दिये, जहां चारों युगों के 16 होना थे वहां दस ही बचे और कलयुग में मात्र एक ही पैर से पूरी तरह से लगंडा है और बिल्कुल ही एक बूढ़ा युग है।

तभी तो 15-16 के युवकों के बाल सफेद हो रहे है परेशान है बैचारे जवानी का रंग करवाते-करवाते तो बात चल रही प्रेम की मात्र प्रेम की निष्काम प्रेम ,यह शास्त्र में बहुत ही शक्ति से आया है, पीछे हम में अहिल्या की बात कर रहे थे सो विचारी पड़ी है युगों से पत्थर बनीं और जब भगवान श्रीराम का अवतार होता है तब उनके स्पर्श से वह फिर पति लोक पाती है और आनंद की सीमा निष्काम ही प्रेम पा जाती है।

यह निष्काम प्रेम ही प्रेम है, जिसमें काम (भोग) नहीं है, भोग की और भोग में उच्चाटन है, भ्रम है, अश्रद्धा अज्ञान जो क्रोध से होकर निकलता है, जो हम तुलसी के जीवन में देखते है ।

यही बात तुलसी व्यवहारिक जीवन की हो रही भगवान की लीला की नहीं भगवान की लीला में तो फिर कोई बात नहीं हो सकती भले कोई तुम्हारी नाक काट ले क्या कहना भगवान की लीला है और अगर भगवान की लीला ही है ,तो उसे ही पूर्ण चिंतन के साथ मन से देखों, जिस प्रेम को लेकर तुलसी महाराज ही नहाकर आते है ,घर में दरवाजे पर खड़े होते ही लोगों ने खिल्ली उड़ाई, ले-ले चली गई मायके चोरी चोरी ,तो उसे जेल में रखे था।

धन्य रे प्रेम, ऐसा भी कोई प्रेम होता है काय रे तुलसिया यह तो जो पूरी तरह पानी से निचुर रहे कपड़े तो निचुरते जा रहे है ,पर यह भीतर ही भीतर ढाडे के ढाड़े ही सूख गये सभी को दिख रहा है कि तुलसी भीजे है किसी ने नहीं कहा कि भैया कपड़े को डाल दो सूखने भीजें तो थे ही और भींज गइ और उन्होंने पानी नहीं फिरने दिया जहां का तहां विदौरा, गमछा, धोती गीली की गीली पहने ही चल दिया।

धन्य रे प्रेम जब जगन्नथियां लोटा हाथ में लिये हुये ससुराल की ओर पहुंच-पहुंचते जमुना के किनारे अंधेरा हो गया, रात्रि में नाव का साधन भी नहीं बस एक ही ''नाव'' है रतना तू.............

रत्ना तूनें जानों नहिं, मोरो प्रेम कि नार।
ओ कि नार में नार तू, तुलसी नोका नार।।

पूर्णता तद्भाव में जमुना नदी में उसी समय एक मुर्दा बहता आ रहा था, जो नोका बतौर ही लग रहा था ,रात्रि थी, फिर मन तो कहीं और था जहां मन होता वहीं का दिखता है ,सामने का नहीं, तभी टक्कर होती है ,नाव किनारे से लगी और बांध दी अगौछा से क्योंकि फिर कल तो वापस आना है ,जिसमें लोग जान ही न पाये कि कहां गये थे लोग चोरी चोरी ससुराल जाना अच्छा लगता है, मजां मौज होती है अरे लाला...........कब आये हे............रात्रि पता ही नहीं चला.............

बस महलों में पहुंचे, पर दरवाजें तो चारों तरफ से बंद थे कहां से जाये, कैसे रतना कि पास पहुंचे, थोड़ा पीछे से देखा तो एक कसन सी लटक रही थी बस उसे ही पकड़कर चढ गये *तुलसी चढ़ गये प्रेम अटरियां ओ रतना-रतना अरि रतना उठना.......*

हमें तो देख बिल्कुल निचुर रहा हूं बड़े जोर से सी-सी...सी ओय है जो ठंड से सी-सी कर रहा है। कितना स्नेह रहा तुलसी का एक अपनी प्यारी को न सी रतना इसका रतना अंदाज नहीं लगा सकी ओर तुम यहां इतनी रात में तुम्हे शरम नहीं आई हां - हां मुझे यहां मेरे साथ शरम नहीं आई मै ही आया, अगर शरम आती तो मैं कैसे आ पाता तुम्हारे पास - बड़े बेशरम हो आगबबूला होकर बोलती है।

कैसे आये हो अभी मै दोपहर में आई हूँ, एक रात भी सुख से नहीं रह पाई, सखियों से भी बोल बता पाई, तुम्ह कितने चाहते हो अरे भाई अब सुबह बता देना कि देखो हमारे चहेते यह आ गये हमारे पीछे ही देखलो इनका प्रेम रतना आश्चर्य करती है रात्रि नाव है नहीं दरवाजे खुलवाये नहीं है ,फिर अन्दर कैसे कोई जादू, पूछती है, महाराज वेदान्ती जी कहो अब जमना कैसे पार किये और मेरे कक्ष में कैसे आ गये बिना दरवाजे खुलवाये?

अरी प्यारी तुम्ही ने तो नाव लगवा दी थी और तुम्ही ने एक मोटा रस्सा छत से नीचे लटकवा दिया था कि तुलसी तो आयेगा रात घर में नहीं रह सकता पत्नि आश्चर्य मैने तो कुछ किया ही नहीं है ,क्या कहते है गोस्वामी जी ,कुछ सोचती हुई देखती है, तो एक सर्प लटका है, घबड़ा

जाती और बोल उठती है सचमुच हीं ''प्रेम अंधा'' होता है।

तब तो उन्हे सर्प की रस्सी दिखती रही और उसे पकड़ के भी ऊपर आ गये गजब भगवान रे .... बचाली मेरी ..... एक शंका तो मिटी अब घबड़ाती हुई जमना किनारें देखती है तो वहां कहां है नाव, पूँछती है,

यह तो है

,देखती है तो एक लाश है, वह भी स्त्री की ही और घबड़ा जाती है बाप रे बाप .... धन्य री नाव जिस पर यह बैठ कर पार हो कर मेरे पास आ गये बिना केवट की नाव बाहरे भगवान सोचती रहती है ,दोनो घर आते है, तुलसी की खुशी का पार नहीं हैं, वह भी हँसती है, पर सोच दोनों का अलग अलग हो रहा है ,वह प्रेम को सोच रही है ,पर कैसा प्रेम है यह? जो एक दिन का भी वियोग न सह सका।

धन्य रे, आदमी धन्य है ,वह मुर्दा जिसने इन्हे पार लगा दिया, अरे मरी स्त्री जब नदी पार कर सकती है तो मै तो अभी जिंदा हूँ, चेतन हूँ,प्राण है ,विवेक बुद्धि है,

क्यों न इन्हैं पार लगाया जाये सोचती जाती है ......गुरूत्व बोध जाग्रत हो गया।

जहां स्नेह की सीमा पार हो जाती है ,वहां शाश्वत गुरू प्रकट हो जाता है।

उसने सोचा इनका प्रेम तो अद्वितीय है, मैं अपने जीवन भर इतना प्रेम नहीं कर पाऊँगी, नहीं चाह पाउगी मैं इतना कि सर्प पकड़ कर चढ़ जाऊँ मुर्दा पर...

बैठकर पहुँच जाऊँ, नहीं.. नहीं इनका प्रेम धन्य है..

यह सब तो सोच रही है ,रतना पर प्रेम का आश्लेष लेष भी नहीं आ रहा, श्रृंगार की बात ही नहीं हो रही है।

तुलसी तो अपने हृदय गद-गद हो रहे है...

रात निकलती जा रही है ..

तुलसी की स्थिति प्रेम की पराकाष्ठा पर ही पहुँच रही है कि उसने धुधकार दिया अरे तुम्हे लाज नहीं आई कि इस हाइमांस के युवनो पर यौवन निछावर कर रहे हो इससे आधा ही कहीं राम पर स्नेह प्रेम करते तो न जाने क्या होता?

प्यारे अब देखिये नारि का स्नेह कहां रहा उसने जरा भी सोचा कि हमारे आदमी कितनी दूर से किस संकट से जूझकर मेरे स्नेह में दोड़ता आया है सो कुछ आश्लेषिकता तो जताऊँ, प्यार भरी बात कर लूँ, उन्हें कुछ शांति मिल जाती, काम के वेग का ताप मिट जाता, नहीं उस पर क्रोध का रामसर और छिड़क दिया यह है ।

जरे पर नमक, वैसे ही प्रेम की आग में जर (जल) रहे और ऊपर से "जले पे नमक" धन्य री स्त्री, क्या रतना एक साधारण नारी के श्रृंगार से भी परिचित नहीं थी कि ससुराल में आये आदमी के साथ कैसा व्यवहार करना था?

अरे तभी लोग "ससराल को रहिवो गधा को चढ़िवो" कहो गओ है बिल्कुल ठीक बात है अपने घर में कुत्ता भी शेर होता है फिर तो द्विज देवता घरई के बाढ़े ....।

अगर रतना में जरा भी प्रेम होता, अपने पति के प्रति तो वह यह तो कभी नहीं करती जैसा बर्ताव उसने किया है।

शायद ही संसार में किसी नारी ने अपने से ही प्रियतम को लात मारी हो खराब से खराब बुरे से बुरे आदमी की भी मायके में स्त्री आदर करती है ,लोगो की नजर में स्वागत करती है, पर इसे कुछ भी लोक लाज नहीं रहीं तभी तो भगवान ने बड़ी बेरहमी के साथ "विश्वमोहनी" नारी की मोहकता में फसे नारद की गुत्थी को सुलझाते हुये कहा नारद जी बड़े प्रेम से कहते है, काहे भगवान, मैं जब विवाह कर रहा था तो तुमने क्यों नहीं करने दिया, श्रीराम जी यहां स्त्री की माया रूप स्नेहिता का पूर्ण रूपेण दिग्दर्शन करा रहे, अगर कोइ नारद बनकर सुन लेवे तो आवश्य ही वह देवर्षी बन जायेगा।

हे नारद जी, मैने अपने हृदय में नारी को अवगुणों की जड़-मूल रूप से ही जानकर तथा संसार के समस्त जो दुखःदर्द शूल हैं उन सब दुखो का खदान एक नारी ही का समझकर, तुम्हें बालक भक्त जान कर, उससे दूर ही रखा है।

आज तुम्ह मेरा दुख देख रहे हो मैने तो तुम्हारी भी को अपने ही हाथ से फूल तोड़कर गहने बनाकर उन्हे बड़े ही आदर भाव प्रेम से पहिना करके श्रृंगार किया और वह सोने के मृग को देखकर उसकी छाल मंगाती

है। बताओ मुनि क्या जो सुगंध पुष्पो में थी, वह स्वर्ण में थी नहीं कभी नहीं आ सकती,

हाँ एक बात अवश्य है ,

यह स्वर्ण की चाह 'माया नारी' की थी,

भक्ति नारी स्नेही या प्रेमी की नहीं, वह तो ,हे नारद पहिले ही अपने हृदय में मेरे को बसाकर अग्नि में प्रवेश कर गई थी।

देखिये श्री मातेश्वरी की आखिरी झांकी -

जब लक्ष्मण जी सीताजी को गुफा से बाहर लाये है, खरदूषण सहित 14 हजार रासक्ष मारे गये हैं तब वह अमित पराक्रम स्वरूप देखकर जानकी बहुत ही स्नेह भरी नजरो से देखती है और वही छवि आंखो में भरती जाती है अघाती नहीं है यह अंतिम झांकी ही है।

सीता चितव श्याम मृदु गाता। परम प्रेम लोचन न अघाता। (अरण्य 20-3)

बस इसके बाद कोई प्रसंग नहीं है अग्नि में ही वास

सुनहु प्रिया व्रत रूचिर सुसीला। .....

यह अर्धाली 24 दोहा की प्रथम है सो अब सीताजी की यह अंतिम झाँकी है तो भक्ति नारि की तो नजर अपने पति को देखते हुये अघाती ही नहीं, नारद-पर माया की नारि तो घुघकारती है जैसी तुलसी की रतना झल्ला रही है, सो हे नारद यह नारि 'प्रमदा' है ,यह प्रेम नहीं कर सकती - सोही मैने दूर की है -

अवगुन मूल सूल प्रद, प्रमदा सब दुख खानि।।

ताते हीन्ह निबारन ,मुनि मैं यह जियँ जानि। (अरण्य 44)

नारी के बारे मे भरत जी जो भगवान विष्णु के अवतार है उनके भी यही विचार है वह कहते है ,स्वयं अपनी मां कैकई के बारे में कि बिचारे सूधे (सीधे) सरल हृदय के राजा तुझे क्या समझते कि तू कितनी कपटन हैं, कितनी अध की भंडार है ,अरे नारी तुझे तेरा बाप ब्रहाजी भी नहीं जान सकता, तेरे हृदय की गति क्या हो सकती है, कब क्या कर डाले ?

धर्मात्मा पुरूष नारी की माया क्या जान पायेगा - जब विधी ही नहीं जानते।

विधिहूँ न नारि हृदय गति जानी। सकल कपट अघ अवगुन खानी।
। (अयोध्या 162/4)

इसी भरत सिंद्धात को अयोध्यावासी भी अपनी चर्चा में कहते फिरते हैं,

अरे भैया कवि लोग सत्य ही कहते हैं कि स्त्री का स्वभाव सब प्रकार से कठिन है, बड़ी ही अगाध, जिसकी कभी किसी ने भी थांय नहीं ले पाई, भले हम अपने हाथ में पकड़े दर्पण से अपने ही चिहरे को पकड़ लेवे जो एक प्रकार से असंभव है पर वह संभव है - पर नारी की गति नहीं जानी जा सकती -

अग्नि क्या नहीं जला सकता

समुद्र में क्या नहिं डूब सकता

अवला क्या नहीं कर सकती

और काल क्या नहीं खा सकता -

सत्य कहहिं कवि नारि सुभाऊ। सब विधि अगहु अगाध दुराऊ।।
निज प्रतिबिंब बरूकु गहि जाई। जानि न जाई नारि गति भाई।।
काह न पावकु जारि सक, का न समुद्र समाई।
का न करै अबला प्रबल, केहि जग कालु न खाइ।। (अयोध्या 47/
7-8)

और अंत में भगवान श्री राम, फिर लखन से कहते है कि अरे नारद यह नारि तो एक बार हृदय में भी रख ली जाये, तो भी बस में नहीं होती।

न आरि न पारि नारी न नाड़ी - न-न यह अरी है अरी रिपु ,आज का कवि भी कहता है।

त्रिया तो में तीन गुण, अवगुण भरे हजार।
सुत जने भोजन रंधे, गावे मंगल चार।।

सो हे नारद -

राखिअ नारि जदपि उर माहीं। जुवती, सास्त्र, नृपति बस नाहीं।।
(अरण्य 37/9)

महान अवतारो आप्त पुरूषे के सिंद्धात में नारी के प्रेम की बात हम सुन रहे कि नारी को हृदय में रखने पर भी, वह तुम्हे अपने हृदय में नहीं रखेगी,अभी अभी की बात है।

सभी ने राजा भरथरी की कहानी सुनी होगी, कितनी दर्द भरी बात है, कहां राजा को एक सन्यासी अमरफल देता है कि हे राजन तुम्ह यह खाकर अमर हो जाओगे, इसमें संदेह नहीं, राजा अपनी रानी पिंगला को हृदय में रखे था,प्राणों से भी अधिक चाहता था अर्थात प्राण ही तो अमर होगें, तो जो जिसे चाहता है उसे ही अमर देखना चाहता हैं 'प्राण प्रेयसी' रानी को राजा वह फल खाने को देता है ,जिसमें हमारी रानी कठिन स्थिर योवना बनी रहे और हम उसे निहारते रहें, जरा संभलिये मोह में न पढ़े ,विवेक के साथ पढ़े ,फिर मोह में न पड़े , रानी कितनी सुन्दर होगी जिसे राजा अमर यौवन में रखना चाहता है।

यह एक काम का स्नेह है ,कौतुक है, तब देखे रानी राजा के वश में रही, राजा ने तो उसे अमर फल दिया हृदय से प्राण निकालकर सौंपें, पर रानी की करतूत देखो तो अगर कोई हम तुम जैसा साधारण व्यक्ति हो तो जिसके पास नारी श्रृंगार का अभाव होता रहता है तो ठीक था ,पर राजाओ जिसके पास सभी साधन वैभव के ठसाठस राज महिलों में खजारे भरे है नौलखा हारो रेशमी नवल साड़ियो की लोभी नारी, राजा का 'अमर प्रेमफल' नहीं चखती, वाह री नारी, भगवान श्री राम बिल्कुल सत्य कहते है ।

राखिअ नारि जदपि उरमाहीं''

युवती.... बस नाही, तभी तो पिंगला यह प्रेम फल स्वयं न खाकर जिसे वह चाहती है उस 'प्रेम घर' पहुँचती, धन्य री नारी की चाह ,दयालु प्रेम पता नहीं पाये, कौन ,कहां, कब, कहां से पावे कहां-कहां ले जाए.......।

ले गया तानकर तन एक बग्गी वाले बागी के पास और बड़ी तिरछी चितवन मोह भरी पानी सी आखों से ओठो से टपकती ओंस बूदों सी आकर्षित भौंहो को नीचे करते हुये संकुच पलको की पलकन से कहते हुये, 'लेब तुम' जे फल खाओ मुझे अमर भोग स्नेह प्रेम मिलता रहेगा।

रही पिंगला रसभरी, नृप फल दियो प्यार।

प्रीतम मोरे प्राण प्यारें, दयालु चखो निहार।।

जरा सोचिये कहां राजा और कहां राज्य का साधारण सा बग्गी चालक, अरे रानी जाई तो है हे रानी नेह - प्रेम की निसानी, प्रेम में क्या राजा रानी, रंक फकीर, जात कुजात, जवान बूढ़ा प्रेम तो एक प्रेम है जहां

प्रे .... वही रस निकले.........।

वहीं "म" मत मिलें जहां एक 'मत' हुये ममता की जाग्रती प्रेम राह में विद्यमान है, बग्गी चालक तो अपने प्राण बचा रहा है कि यह बग्गी अब कब तक चलाता रहूँगा। कहीं सुख से तो बैठने मिल जाये और यह रानी अमर करने जा रही क्या मरत दम तक बग्गी चल पायेगी, कभी फुरसत नहीं मिलेगी, अरे भैया यह अमर फमर 'फल मोय नई (मुझे नहीं) खाने'- ऊपर से प्रेम के स्वांग में कुछ मुद्राये तो लाई हो, हां यह लो नवलखा हार 'फल के साथ वह फिर देखो एक पुरूष की चाह क्या बग्गी वाले ने यह नहीं सोचा कि यह फल राजा ने रानी को दिया है और रानी ने मुझे तो नारी कितनी बेरहम है, पर इसी के साथ वह भी जिसे चाहता था, वह भी आखिर एक नारी ही थी वैश्या, यह वहां अमर फल एवं 'हार' लेकर पहुंचता, लो तुम धन मांगती थी, तुम्हे नव लखाहार चाहिए था, सो लो यह है अब तो स्नेह दोगी, गाढ़ प्रेम का रूप नहीं यह फल क्या है, अरी पगली बड़ी तपस्या करके लाया हूँ। उन्होने कहा था 'बेटा जो यह फल खा लेगा ,वह अमर हो जायेगा, हमने उन्हे बग्गी से राज्य के रानी सरोवर में फूलो के लिये भेजा था, हाँ हाँ तुम कभी सच्ची बोल सकते हो सो तो बात है, मैं सच्ची बोलू या न बोलूं ,पर तुम्हारे पास तो सत्यता पूर्वक आता हूँ न ....।

हार तो पहिन लेती कुछ प्यार भरी सी बाते होती है पर वैश्या ने सोचा वैसे ही मैं तो इस शरीर व्यापार से तंग आ गई हूँ, किन किन की होकर रहूँ और ऊपर से फल खाकर अमर हो जाऊँगी, तो फिर स्वर्ग की अप्सरा बनकर ऋषियों और मुनियों की तपस्या खाने को इन्द्र भेजेगा और उनकी श्राप से कही बन्दरिया, कही मगरी, कहीं राक्षसनी बन-बनकर मानवी होने की प्रतीक्षा युगो तक करनी होगी।

अरे बाबा, मुझे नहीं होना अमर फमर और भीतर से चीख पड़ती है, नही नहीं, मुझे तो मरना ही श्रेय है, कम से कम इन कुकृत्यों की भी तो मेरे साथ मृत्यु हो जायेगी नहीं तो यह सारे के सारे अवगुण भी इस अमर फल प्रेम के साथ अमर रहेगे ..... सोचती है ..अखिर यह फल किस को खिलाया जाये, जो इसको अमर कर सके, 'प्रेम अमर' रहे और हो सकता उसमें मेरा नाम भी अमर हो जायेगा।

और नृत्य देखने जब भरथरी पधारे तो उसने उस दिन नृत्य नहीं किया एकान्त में राजा से प्रेम भरी बातचीत की और बड़े प्रेम से प्रार्थना की, राजन आज मुझे इस पाप भरी जिंदगी से एक पुण्य फल मिला है, जिसे आप को अभी अपने हाथ से खिलाना चाहती हूँ, आप मुझे मेरे पापो को देखकर सकुच न जावे खा ही लैवे, स्वीकार करो तो मैं वह फल लाऊँ - राजा न जाने क्या क्या सोचते ,कोई अन्य राजा की चाल तो नहीं राजा की मुखकांती बिगड़ती जाती है, वैश्या कहती है, राजन विश्वास करिये एक संत का फल है, संत की बात आते ही राजा अत्यंत प्रसन्न हो जाते है, वो जानते थे कि मुझे तो आज ही एक संत ने ही फल दिया था, जो मैने रानी को खाने दिया है, बड़ी रूचि एवं लालसा के साथ स्नेह भरी आवाज में बड़े ही प्रेम से कहते है, लाओ शीघ्र लाओ अभी खाऊँगा, वह जब थाली ढककर लाती है जिसमे फल रखा था और जब थाली उघारती है। तो राजा के होश खो जाते है देने वाला एक है कि फल एक ही है, समझ नहीं पाये ‘वैश्ये‘ तू बता यह फल तुझे कोई यहीं दे गया कि तु कही गई थी नही राजन यह फल तो हमे यहीं एक .... बस बस अब समझ गया जल्दी कर खिला दे अपने हाथ से, धन्य है तु निशिचत तू अमर रहेगी

राजा मन ही मन सोचते है

अलग अलग सब प्रेम घर राजा रानी न्यार।

जा को जैसे प्रेमघर - लगे दयालु वैश्यागार।।

घर घर में सब प्रेम,घर, लगें लगाये नर नार।

कहां कोन को ‘प्रेमघर‘ दयालु कौन उनार।।

प्रेम घर कोइ क्या ईंटो पत्थरो का बनता है, जो कोई भी कारीगर बना डाले, यह तो एक तत्व का निर्मित है, इसमें और कुछ लगता ही नहीं .इसमें तो केवल एक ‘मन‘ ही मन है, जो एक मन हो जाये यह बड़ा कठिन है जिस ‘‘मन‘‘ को लेकर तुलसी ‘रतना‘ के पास गये वह मन वहां नहीं मिला ,उसने तो राम की ओर भगा दिया, गोस्वामी जी समझे कि मैं अपने प्रेम-घर जा रहा हूँ ,पर वहा तो उन्हे उस प्रेम-घरवारी (पत्नी) ने एक दूसरा ही घर लगा दिया, वेग तो प्रेम का था ही ललकार में वह मुड़ गया और खोजने लगा वह - प्रेम घर जो उसे भी उतना ही चाहे जितना वह उसे चाह रहा हो.............।

'रतना' की ललकार सों, तुलसी उलटे पांव।

प्रेम घर की राह ली, ढूढ़ दयालु ठांव।

प्रेम न नारि मिल सको, घर घर नये नये भोग।

योग भोग में प्रेम नही, प्रेम दयालु संयोग।।

इसी प्रेम को काशी नरेश की पुत्री 'विद्योन्तमा' ने कालीदास के मौन विवाद की विजय में देखा और आनंद की 'सुहागरात' में उसके प्रेम के बोल में ढकेल दिया, नीचे लुडकता गया विचारा 'पति' वह विद्योतमा कोई मूर्ख स्त्री का नहीं बिना विद्या के प्रेम नहीं मिलेगा, संसार में क्या ?

धन्य री मूर्ख 'पुष्पी' जिसने अपने प्रेम शुद्व स्नेह से काली को एक जगत विख्यात महाकवि बनाकर विद्योतम को सौंप दिया।

क्या राजकुमारी यह कार्य नहीं कर सकती थी, वह तो पढ़ी लिखी थी, राजा की पुत्री सभी वहाँ साधन, अपने मूर्ख पति को महान विद्वान बना लेती, पर उसे तो ज्ञान था स्नेह कहां, स्नेह तो पुष्पी में था, जो काल, चाह थी उस काली - चाहने अपने स्नेह से एक ज्ञान रत्न हीरे को जन्म दिया, धन्य रे यह प्रेम जिसने कालीदास को विद्वान महाकवि बनाया, प्रेम जब ईश्वर सगुण बनाकर जन्म लुवा (दिला) सकता है फिर और संसार की प्रगति भी क्या महत्व वहां वह तो स्वयं ही होगीं।

प्रेम रूप कासों कहाँ, को जाने संसार।

जो जाने सो जान लियो, प्राण दयालु पुष्पीहार।।

इसी श्रृंखला में हांडी रानी की भी क्या बात है कि सुहागरात में ही अवसर का फायदा उठाकर विरोधियो ने जो देश पर चढ़ाई कर दी, राजा भी रानी की प्रेम चाह में उनके चेहरा की ही ओर देखता है ,जा नहीं पा रहा ,हांडी समझती है राजा मेरे प्रेम पांस में बंधा है पर 'देश प्रेम' भी क्या प्रेम नहीं है और तत्काल ही राजा की ही खड़्ग से अपना शिर काटकर तुरंत जान दे देती है धन्य रे स्नेह हांडी का 'हांडी' कच्चे को पकाती, हे रांधती है ,स्वयं तपकर काली होकर चांवल की सफेद खीर बनाती है। यही हांडी ने किया और राजा उसी को देख-देखकर विजयश्री लाये पर, धन्य री रतना तूने तो नही हाडी के समान सिर दिया नहीं, विद्योतमा की तरह तिरस्कार किया, न ही पुष्पी के समान पति को

विद्वान बनाने का संकल्प ही लिया उलटे उसे ''राम'' से प्रेम करने का मंत्र दिया ,होगी कोई स्त्री जो-जो अपने पति के कामवेग को राम की ओर लगा दे, बस अब तो खोज जारी हो गई राम प्रेम की, प्रयाग से गया जगदीश , अयोध्या ,काशी, द्वारका रामेश्वर, उज्जेन, बद्रीकाश्रम, नासिक संतसमागम करते कराते 'मानसरोवर' तक भुषुण्डी से मिलते हैं ।

याज़बलिक भरद्वाज से मिलकर राम कथा प्रसंग होता है पर मन में वही बात लगी थी जो रतना ने कहा था वह ठेस तो 'मानस' लिख लेने पर अंत तक बनी ही रही क्या ठेस थी वह अपन देखेगे तुलसी की मन की किसने जानी ,वह तो रतना के व्यवहार से चिन्तनशील हो गये ,क्या कोई स्त्री-पति ऐसी भी होगी जो योग भक्ति प्रेम, सेवा के साथ भोग में भी साथ होकर फिर विरह में भी वही प्रेम-स्नेह रखेगी ,जो प्रेम मिलन के संग रहती अर्थात समविषय परिस्थितियों भी 'एक रस' रह पाती होगी, सभी स्त्री का संयोग निरन्तर चाहते है ,पर ऐसी क्या कोई स्त्रियां होती होगी ,जो ''साथ जियेगें-साथ मरेगे'' जिसके जीवन में उलाहना है ही नहीं, जहां स्त्री की बात -बात में कितने उलाहना है अगर हम ऐसा कहे कि 'उलाहनों' का दूसरा नाम ही स्त्री है: देखो न परम अद्वितीय सुन्दर स्वरूप जगत के निर्माता भगवान श्री राम को भी सूर्पणखा कह देती है ,कि भले आप परम सुन्दर है पर मेरा तो मन कुछ ही माना है पूर्ण नहीं अर्थात भगवान के रूप में जो नारी कमी बता सकती है फिर आदमी की क्या बात है, धन्य री स्त्री जाति की प्रतिनिधि - सुपनखा जो अपने लिये कहती है –

मम अनुरूप पुरुष जग माहीं। देखउँ खोजि लोक तिहु नाहीं।

मेरे अनुरूप सुन्दर पुरुष संसार में तो मिला ही नहीं, पर तीनों लोकों में भी नहीं मिला, मैंने बहुत ही खोज कर ली, अब भगवान तो लोको से परे है, जब मन मनोहर पुरुष हमें नहीं मिला, सो हम अभी तक कुंआरे ही फिर रहे हैं ,हां अब कुछ मन तुम से मान रहा है ,वह भी पूरा मन नहीं भर रहा है अब विचार करिये यह है स्त्री की मांग ....

तातें अब लगि रहिउँ कुमारी। मनुमाना 'कछु' तुम्हहि निहारी

(अरण्य 17/9/10)

इसकी मांग सर के ऊपर भरी होती है और सिर के ऊपर की बात आप जानते ही है अब तो पानी सिर से ऊपर हो रहा है ....

बर बात सिर से ऊपर हो जाने पर बिगड़ जाती है, पर इसकी 'मांग' तो सिर के ऊपर ही भरी जाती है सचमुच वही आदमी 'वर' है जो इसकी सिर के ऊपर की मांग भरता रहे, नहीं तो फिर यह उसके सिर पर बैठती है।

लोग क्रोध में कह देते हैं जब कोई मांग पूरी नहीं कर पाते और वह अपने प्रेम घर में आते हैं और वह चिल्लाती है तो फिर 'मूड़ पे बैठ जाओ बाई' बाप मताई भी कह उठते है। भैया ने तो अपनी लुगाई खों अपने शिर पर चढ़ा लब (लिया) है, कोऊ (कोई) का कर सकत है। सिर के ऊपर मांग भरने को रोज सिंदूर चाहिए। शायद है संसार को कोई भी पुरुष किसी स्त्री की मांग पूरी तरह से भर पाया हो।

कोई न कोई कमी बनी ही रही है - बनी रहेगी-देखो चक्रवर्ती सम्राट दशरथ जी महाराज कैकई की ''मांग'' भरने में प्राण लगाने पर अर्थात प्राणो से मांग भरनी पड़ी 'मांग तो पूरी हुई पर मांग का सिंदूर पुछ गया और पति भी गया और गया में पिंड गया, एक मांग पूरी करने में सारी की सारी रानियों की मांग पुछ (विधवा हो गईं) गई।

कभी कभी स्त्री अपनी मांग के पीछे, भाग (भाग्य) ही 'गमां' डालती है।

मांग मांग तू पलट नहीं, कबहु न उलटी मांग।
मांग मांग तु गमां रही, पलट दयालु मांग।।

बस तुलसी मांग अब प्रेम की ओर अग्रसर है और जीवन के करीब 75 वर्ष में उन्हे वह प्रेम श्री जानकी जी में दिखा जिनका चरित्र वह लिखने बैठ गये, कि पति पत्नि का प्रेम या जितने प्रेम होते है वह सभी प्रेम घरो के नाम ''एक ''श्री सियाराम जी समर्थ'' या यो कहो कि वहीं 'श्री रामचरितमानस' है या शिव के अक्षरों में नहीं हस्ताक्षरों में ''सत्यं शिवं सुन्दरम' कहते है।

हमारे कहने का तात्पर्य यह है कि संसार में जितने प्राणी के प्रेम है ,जहां जहां जिस जिस प्रकार के प्रेम, वह सभी प्रेम - एक 'मानस' में विद्यामान है।

भले वह राक्षसो का ही प्रेम क्यों न हो सर्वप्रामि हम एक ऐसा प्रेम घर देखते है जिससे सारे सृष्टि के जीवों से लेकर महान से महान ऋषि मुनियों देव समुदाय को भय है, कभी भी कोई इस अत्यंत प्रिय वस्तु की चाह नहीं करता कोई नहीं चाहता कि मैं मरू।

हर जीव प्राणी की यही मांग रही है कि वह हमेशा हमेशा अजर अमर रहे और इसके लिये उसने बड़े से बड़े तप साधनाओं से प्रयत्न भी किये कैसे वरदान भी भोगे जिसमें ब्रह्माजी को सोचना पड़ा 'अजर अमर' का वरदान मेटकर कुछ दूसरी शर्त रखकर दिया गया 'हिरण्यकशप' जैसी शर्ते जो अपने आप में अद्विवतीय थी।

जहां यह शर्त रही कि ब्रह्म सृष्टि का कोई भी जीव और उनका 'समय' उनकी भूमि हमें न मार सके।

तब अब क्या बचा अर्थात जीव ने मान लिया कि अब तो मैं अमर हो गया, कौन मार सकता ?

यह लालसा सभी की बनी है नारद जी ने भी विचार किया था अगर यह विश्वमोहनी हमें वरमाला पहिना देगी तों मैं भी अमर हो जाऊँगा पर देखिये जहां लोगो को अमरता प्रिय है । वहीं यह राक्षस अपने को वरवश मृत्यु के मुख में ढकेल रहा है सारे परिवार के लोग समझा रहे हैं स्वयं पत्नि भी बार बार कहती है कि देखो तुम्ह वैर न करो, यह भगवान है जो - जो लोग उसे भगवान की धमकी देते थे, उन पर तो उसे बहुत ही हँसी आती थी।

मुझे भगवान का भय दिखाते हो, तुम क्या भगवान से डरते हो तुम्हे लगता है भगवान का भय अरे मुझे भगवान से क्या डर?

अरे डरना है, तो अवगुणों से डरो, राक्षसो.......

सो तुम्हे पाप दोषों का तो डर भय नहीं है, भगवान से करते हो, भगवान से क्या डरना, मृत्यू से डरते हो जो भगवान के पास नहीं जाने देती।

अरे हमें तो अगर "मृत्यू" ही भगवान के पास ले जाती है ,तो ऐसी मृत्यु तो हमारी जन्म देने वाली माता से भी अधिक प्रिय है धन्य री वह मृत्यू जो मुझे भगवान की गोद में ले जा रही है।

पर वह तो सबसे कहता है कि मुझे भगवान अगवान से कोई डर नही है मुझे तो डर है तो केवल एक 'इन्सान' से बड़ी विचित्र बात है।

ऐसा भी कोई प्राणी 'राक्षस' है जिसे इन्सान से डर है-भगवान उसे एक साधारण सी वस्तु है ,बहुत क्या रोज ही भगवान देखता है, वह अरे भगवान जी जरा घर आ जाना आज साम वेद का पाठ कर देना, क्यों भगवान मेरी मृत्यू किसके हाथ से अरे तुम्हने ही तो लिखी थी, हमारे ललाट में, हां तो क्या सच है, अरे भगवान -तुम तो 'षठया' गयो हो बुढ़ापे के कारण लिख दिया होगा। ऐसे कितने भगवान वह जानता है, सारे के सारे इन्द्रादि देव भगवान यमकाल,वरूण, अग्नि, वायु ,दिगपाल सभी के सभी उसके अनुचर है, अब वह किस भगवान को डरे, जिसका उसे डर नहीं उससे डरवाने से क्या लाभ?

सो वह सुनकर अनसुनी कर रहा है।

मंदोदरी की सीख -

कर गहि पतिहि भवन निजआनी। बोली परम मनोहर बानी।

सब बाते तो वह कहती ही है,पर अंत में कहती है..

हे नाथ जिससे तुम्ह बैर कर रहे हो ,उसके हाथ में काल, कर्म एवं जीव उसी के हाथ के कठपुतली हैं।

अब विचार करिये, जहां पति स्वयं अपने पत्नि से कहे कि सारे जीव जीवों के कर्म उनकी मृत्यु जिसके हाथ में है, उससे बैर करके क्या करोगे?

बैर उसी से करना चाहिए जिससे हम उस की बुद्धि और बल से विजय प्राप्त कर सके फिर तुम्ह तो उन रघुनाथ के सामने, ऐसो हो जैसे सूर्य के सामने जुगनू और जिन्होनें मधु कैटभ मारे है। पर रावण इन विष्णु भगवान से परिचित है, जो बैकुण्ठ में मिले नहीं थे विष्णु भगवान से डर नहीं, भगवान शिव गुरू जी ठहरे, ब्रह्मा जी तो बूढ़े हैं, बूढ़ो आदमी से तो उनके स्वयं लड़के भी क्या, स्वयं पत्नि नहीं डरती, बैठे रहो बब्बा (बुड्डे), हल्ला (आवाज) न करो, जिसकी एक आवाज में सारा घर कांप उठता था।

तुम्हहि रघुपतिहि अंतर कैसा। खलु खद्योत दिनकरहिं जैसा।।
(लंका 6/6)

इसके उपरांत जब मंदोदरी के कर्णफूल गिर जाते है तब फिर समझाती है,

हे प्राणनाथ जिन्हे तुम मनुष्य समझते हो,वह 'मनुष्य नहीं' वह तो विराट रूप भगवान है । जिनके पैर पाताल, सिर ब्रह्लोक और रोम रोम विभिन्न लोक है और तो और जिनके अहंकार शिव है, बुद्धि ब्रह्माजी और हृदय विष्णु है, जिनमें समस्त सचराचर निवास करता है, हे कंत तुम्ह उन्हे मनुष्य न मानो न ही उनसे विरोध करो।

अहंकार सिव बुद्धि अज, मनससि चित्त महान।

मनुज बास सचराचर, रूप ''राम भगवान''।। (लंका 15/क)

कंत राम विरोध परि हरहू ।जानि 'मनुज' जनि हठ मन धरहू।।

तब फिर मंदोदरी कहती है यह मनुष्य नहीं ''भगवान'' राम है ,

तब भी वह नहीं मानता उसे भगवान से भी डर नहीं और मनुष्य के आकार से भी डर नहीं हैं उसे तो 'पुरूष' चाहिये, दो हाथो वाला भगवान अब भगवान नहीं चार हाथ वाला, पांच सिर वाला चार सिर वाला यँसे ही भगवान हमने देखे हैं, आदमी का भगवान बड़ी कठिन बात है।

यह बात मनु ने भी मानी है उन्होंने, *''विधी हरि,हर तप दीख अपारा''* पर उन्होने इन तीनो भगवानों को महत्व नहीं दिया, बड़ी विचित्र बात है 'मानस' की मांग उसकी तात्विक ईश्वर खोज अपनी है । जो वेदो का प्राण है ,वेद तो सब पढ़ते हैं पर उनमें प्राण कौन खेजता है।

अर्थात रावण को कौन न नहीं समझाया, भैया विभीषण ने, लड़के ने, हनुमान जी ने अंगद ने, हां किसी लड़की ने नहीं समझाया, अगर कोइ पुत्री समझाती तो अवश्य समझ में आ जाती पर लड़की उसके यहां थी नहीं !

हां बात उसने किसी की नहीं मानी, बस उते तो बात जमी थी की अगर वह भगवान माया रहित है और उन्होने सचमुच अवतार ले लिया है तो फिर उनके हाथ से मरने में कल्याण है ।

क्यों इस तामस तन से भजन हो नहीं सकता यह उसका मृत्यु प्रेम निर्णय कितना अकाट्य रहा सोचो....... जिसे उसने कहीं किसी से खोला भी नहीं ...

कितनी गोपनीयता वर्ती मंत्र युक्ति जितने गुप्त रहे उतने शीघ्र प्रभाव करते हैं।

खर दूषण की मृत्यू के बाद, सूर्पणखा की बातें, नीति सुनकर विचार करता है इसने दो ही निर्णय लिये, अगर कोई राजकुमार हैं तो उनकी नारी हरले (हरण) आऊँगा और भगवान है, तो उन परम 'प्रभु' के बाण से प्राण त्याग करूंगा और भवसागर तर जाऊँगा।

कितना सुन्दर सोच है, दोनो हाथ लड्डू, क्योंकि कहीं भी...

सुननरअसुरनागखगमाहीं। मोरे अनुचर कहँ कोउ नाहीं। (अरण्य 23/1)

खरदूषन मोहिसम बलवंता। तिन्हहि को मारई बिन "भगवतां"।।
सुर रंजन भजन महि भारा। जो भगवत लीन्ह अवतारा।।
तौ मै जाइ बैरू हठि करऊँ। प्रभु सर प्रान तजे भव तरऊँ।। (अरण्य 23/4)

इसने अपने मन की मौत अपने ही प्रभु के हाथ ली समस्त प्राणी जो संसार में मरते है वह सब किसी न किसी निमित की मौत से ही मरते है पर रावण स्वयं परात्पर परमेश्वर परब्रह्म भगवान श्री राम के हाथ से मृत्यु प्राप्त,उनके ही हृदय में, श्री मुख से प्रवेश करता और होगा कोई ऐसा बाप जो अपने पुत्रों को अपने ही सामने मरवा डाले।

सभी अपना उत्तराधिकारी चाहते है और यही चाहते है कि मेरी गति मेरे पुत्र के द्वारा दी गई अग्नि से होगी, यह चाह भी सार्वभौम है, पर रावण की यह लिप्सा भी पूर्ण शांत हो चुकी थी और मजे की बात यह है कि स्वर्ण लंका में भी अपने ही सामने आग लगवा दी "जब आदमी क्रोध में होता है कुछ घर में धन को लेकर बाद विवाद होता तब घर मुखिया कह उठता मेरी कमाई की संपत्ती है अभी आगी घरे (आग लगा) देता हूँ, पर लोग आगी घर नहीं पाते वह अपनी संतान की सुरक्षा कुल की पीड़ी चलाने को सुरक्षित बचाते है।

जिसमें लोक में उनका यश चलता रहे, पर रावण यह तीनो ही अपने सामने साफ कर देता और शुद्धचित से प्रेम से भरता है *सुत वित लोक ईषणा तीनी* .... ।

इस प्रकार से रावण ने अपना प्रेम घर मृत्यु से खोजा और उसमें बैठ गया - इसी प्रकार एक बालि तो अपनी मृत्यु के साथ जन्म की बात भी सुधारता मरता तो है भगवान श्री राम के हाथ से ही पर जब राम जी उसके सामने आते है, तो वह जान लेता है, मृत्यु तो मेरी बन ही गई।

अब क्यों न अगले जन्म सुधार लूं?

उसे अपनी मृत्यू का भान नहीं हुआ, जिस प्रकार हाथी के गले में पुष्प माला टूटकर गिर जाये तो उसे क्या पता चलेगा ऐसी सहज मृत्यू, धन्य रे बालि वह स्वयं कहता है, क्यों भगवान क्या मैं अब भी पापी हूँ ?

जबकि आप मेरे सामने खड़े है, तो दुष्ट-पापी जीव तो आपके सामने आता ही नहीं, यह बात तो आप स्वयं अपनी बानी (वाणी) में कहते हो –

पाप वंतकर सहज सुभाऊ। भजन मोर तेहि भावन काऊ।।

जों पै दुष्ट हृदय सोई होई। मोरे सन मुख आव कि सोई।।

जब आप हमारे सामने खड़े, मै आपके सन्मुख पड़ा हूँ, तो अब दुष्ट हृदय और पापी कैसे कहलाया?

तो भगवान कहते है भैया तोरो शरीर अचल कर दूँ – *अचल करौ तन राखहु प्राना।*

बालि कहता नही नहीं प्रभू, यह अवसर तो बड़े त्यागी महान पुरूषों को भी नहीं प्राप्त होता, जो प्रेम घर हमें मिल गया है ,जो मुझे सहज ही में प्राप्त है ,बस प्रभु अब तो यह प्रार्थना है कि जहां भी मै जन्म लूँ, जिन कर्मों के परिणाम से मुझे जिस भी योनि जन्म मिले वही मैं आपका ही भजन करूँ।

बस अब तो यही वर दीजिये, धन्य रे स्नेह ,जो अगले जन्मों में भी राम की चाह बनाई

अब नाथ करि करूना बिलोकहु देहुजो वर मागऊँ।
जेहिं जोनि जन्मौ कर्म बस तहँ 'रामपद' अनुरागऊँ।
किष्किन्धा.छंद(10)

जन्म जन्म में प्रभु के पद कमलो का 'प्रेम घर' हमें प्राप्त हो बस यहीं - प्रभु इस प्रकार मानस के जितने पात्र है, वह सब प्रेम घर के अपने अपने ढंग के साधक है ।

छंद उनका अपना ढंग है ,प्रेम घर को पाने का, अब हम उस ओर देखे,

जिस बात पर तुलसी की 'रीझ' हुई है भले वह पत्नि की 'खीज' से जन्म लेती है, वह है एक जनक महाराज की पद्धति।

क्योंकि इनकी सानी का प्रेम संसार के मानस के मानस में एक ही है। दूसरा आज तक नही हो पाया इनकी रीति - रति भति भगति, यति सति से परिपूर्ण एक निष्ठ है ,जिस प्रकार 'तिय' पलटने पर 'यति' बन जाता है ,यह महान खोज का विषय है।

यति कोइ साधना का परिणाम या परिवेश का स्वरूप नहीं हैं, यह तो माय तिय (स्त्री) पलट जाये अर्थात जहां जिस जीवन में तिय - स्वभाव की मांग निकल जाये, क्यो तिय स्वभाव में सहज डर एवं बैर रहता है और भोग की तो वह भूमि है, तो यह तिय स्वभाव का सकुच पूर्ण से पलट जाने पर 'यति' स्वरूप बन जाता है।

यही शब्द ब्रह्म का लक्षण बोध और शब्द निष्णाद का गुरूत्व है, क्षेत्रीय ब्रह्मनिष्ठ का स्वरूप है यहं 'तिय से यति' केवल जनक है जिन्होने अपने जीवन में भोग-योग एक साथ निभाते हुये राम का प्रेम घर पाया , यह भोग योग संयुक्त 'प्रेम घर' केवल जनक को ही प्राप्त है, चाहते तो सभी प्राणी है, हमारे जीवन में योग भोग युक्त का एक ऋषि जीवन' बन जाय - पर .... बहुत कठिन है *"जनकजीवन'*...

इससे जब सुनयना जिसकी एक ही नजर हो, सु-नयना सुन्दर नेत्रों से संसार को सुन्दरता के साथ देखे।

क्या रतना ने तुलसी के भाव को 'सुनयनो' से देखा नहीं, देख पाई सो तुलसी तिय से यति बन गये - भोग रहित योग मिला जो वह चाहते थ कि भोग में योग भी रह सके और योग में भोग यही जीवन की सिद्धि है।

यह स्वरूप जब वनवास के दो पक्षो ने देखा एक ऋषि एवं दूसरा नर-नारियों ने तो भौचक्के से रह गये ,अरे यह तपसी और स्त्री (सीय) भी संग है ,लक्ष्मी लक्ष्य - मन के साथ है कैसा जोड़ है, वह जहां तपसी के साथ स्त्री - लक्ष्मन राज अंग चिन्ह एवं तपस्वीयों के स्वरूप में कैसे संभव है, पर भैया यही तो है ,राजा जनक के "बिटिया दमाद" वह तो अपनी कुल ही लिये रहेगी बिटिया सीता, ऋषि जीवन यथार्थ एक वह आश्चर्यमय होता है - वषिष्ठ के 100 पुत्र है ,न आश्चर्य, पर यही है ऋषि

जीवन जिसमें न तो 100 पुत्रों की खुशी कोटि न जी जब विश्वामित्र ने सौ के सौ मार डाले, तो न ही दुख मनाया वाह रे जोग-भोग जो ज्ञानी भी समझ नहीं पा रहे।

राज लखन सब अंग तुम्हारे। देखि सोचु अति हृदय हमारे।
अगमु पंथु गिरि कानन भारी। तेहि महँ साथ नारि सुकुमारी।
(अयोध्या 112/4/6)

यहां सब जान नहीं पाते कि यह राजा 'राजकुमार या ,साधु है क्या हैं, स्वरूप तो सब साधुओं का ही है ,सिर पर जटा है, बरिया (बट) का दूध से बंधे, पर यार धनुष बाण, खेर(किन्तु) धनुष वाण तो ठीक है पर यार यह साधुओ के साथ स्त्री का क्या संयोग, राजकुमार होगे क्यों इनके सारे लक्षण राजपुरूषों के जैसे तो है हीं।

पर (मगर) यहां यह दोनो बाते पूरी बैठती 'सी' नहीं है - भेष साधु का स्वरूप राजाओं का यही है ,वह जो भोग का समन्वय रूप जिसकी जीव को चाह रहती है, पर यह कभी राजा बन जाता है ,तो साधु बनने का नाम नहीं लेता, न्याय की बात ही नहीं करता भक्ति भाव आता ही नही,बस राज्य भोगों में ही रचा पता रहता है देखो मंदोदरी एक राजा को साधु बनने का शिक्षा दे रही अरे राजा को भी चौथेपन में वन को जाकर तपस्या करना चाहिए।

संत कहहिं असिनीति दसानन। चौथेंपन जाइहि नृप कानन।।
(लंका- 7 /3)

बड़ी कठिन बात है राजा होकर साधु रहें और साधु में ऐश्वर्य होने के साथ-साथ साधुत्व बना रहे ,देखिये भारद्वाज वैभव पर साधु है परस्पर साधु राजा एक दूसरे से भेंट करते है। वैभव का मान नही है साधु को, न ही राजा अपने राज्य पद का अभिमान है।

मुनि प्रभाउ जब भरत बिलोका। सब लघु लगे लोक पति लोका।।
सुख समाजु नहिं जाई बखानी। देखत बिरति बिसारहिं ग्यानी।।
सुर सुरभी सुर तरू सबहीकें।। लखि अभिलाषु सुरेस सची कें।
स्रक चंदन बनितादिक भोगा। देखि हरष विसमय बस लोगा ।।

अब विचार करिये इस अलौकिक वैभव का जहां भरत जी को भी मन ही मन सोचना पड़ रहा है, जो विष्णु भगवान के अवतार लक्ष्मी पति है

फिर इन्द्र तो सोच ही रहा है क्योंकि उसके यहां तो एक ही कल्पवृक्ष है ।

यहां तो प्रत्येक कुटी भवन में है फिर आयोध्या वासी तो क्या सोच पायेगे, इस मुनि के वैभव के बारे में इतने वैभव शाली मुनि अन्यत्र किसी भी साहित्य के किसी देश में नही पाये जाते है ।

यह उडान अपनी हमारे साधु संत कितने वैभवशाली होते थे पर दीनता उतनी बड़ी चढ़ी, कोई भी अहं नहीं, सरल स्वभाव, सहज स्नेह प्रेम मूर्ति तो यहां योग भोग का समन्वय रूप हम देख रहे हैं ,इस योग भोग के प्रेम घर में हम कैसे रहेगे, यह युक्ति जनक के ही दमाद बताते है।

संपति चकई भरत चक मुनि आयस खेलवार........(अयो. 215)

अब हम वहीं जनक के पास चले जिनकी राह भवन जोग भोग का एक ही, प्रेम घर है। जिस घर में प्रवेश करते ही व्यास पुत्र श्री शुकदेव जी भी आश्चर्य में पड़ गये थे।

अरे यह कैसा राजा है, जिसका एक हाथ नारि यौवन पर है और अरे अरे दूसरा तो यह अग्नि में जल रहा है !

दौड़ पड़े बुझाने को, दोनो अग्नि राम योग अग्नि काम भोग अग्नि से योहि कोई असर नहीं हो रहा और फिर योग भोग का सही प्रेम -घर मिला तभी तुलसी ने केवल जनक के स्नेह को ही ''जोग भोग'' से विभूषित किया है और वह भी संपूर्ण मानस में दो बार ....

प्रथम तो वंदना प्रसंग मे कहा गया है।

प्रनबउॅ परिजन सहित बिदेहू। जाहि रामपद 'गूढ़ सनेहूं।।

जोग-भोग महॅ राखेउ गोई । राम विलोकत प्रगटेउ सोई।। (बालकांड 17/1)

दूसरी जगह स्वयं विष्णु भगवान के अवतार, महाराज भरत लाल, जिनकी महिमा धन धान्य तपास्या भी बेजोड़ है,जिस आयोध्या के राजा यह 14 वर्ष रहे जिसकी संपति को और वहां भोग ऐश्वर्य को देखकर कोषाध्यक्ष कुबेर भी शर्म करते थे।

अवधराजु सुर राजु सिहाई । दसरथ धनु सुनि धन दुजलाई।।

ऐसे संपूर्ण भोग समग्री को वमन के समान त्यागने वाले महान योगी भक्त भरत जिन्हे मानस कहता है कि अगर भरत का जन्म नहीं होता

तो संसार के साधु मुनियों को कोन व्रत नियम आचरण की शिक्षा देता जो भरत राम प्रेम के पूर्ण अमृत हैं।।

सिय राम प्रेम पियूष पूरन होत जन मुन भरत को।

मुनि मन अगम जमनियमसमदमविषम ब्रत आचरत को।(अयोध्या 326 - छंद)

ऐसे महान राज योगी भोग ऐश्वर्य के राजा भरत जी भी, जनक को ही जोग भोग के आचार्य ब्रह्माण्ड के एकमेव साधु कहते है, वास्तव में यही है,एक झांकी जहाँ पर जोग-भोग दोनो विरोधी तत्व एक साथ रहते है।

जहां भोग ऐश्वर्य की भरमार है, स्वर्गलोक है इन्द्र भी, भोगी है पर वहां योग नहीं है, इन्द्र योगी और सनकादि बालयोगी के पास भोग नहीं कितनी विचित्रबात है ,इस योग भोग की समन्वय रूपा जनकपुरी की सृष्टि जिसकी चाह तुलसी को आई एवं सभी भाग्यशाली चाहते हैं पर कौन बन पाता हैं 'श्री पिता' बस पत्रों में सम्मान भर कर लेते है समझा लेते मन को श्री पिता के चरणो में सादर प्रमाण बस .... सभी चाहते हैं कि श्री जी जैसा हमारा पिता पर जब हम श्रीतो बन जाये जड़ धरती को माता बना सके, जब हमारी भारत भूमि हमारी जननी बन जाये तब निश्चित है हम श्री संपन्न होकर जनक श्री जैसी योग भोग की भूमि बना लेगे जिसका वर्णन भरत जी कह रहे हैं।

पिता जनक देउँ पहतर केही। करतल भोगु जोगु जग जेहि ।

(अयोध्या 199/6)

जब भरत के लिये भी जनक की उपमा नहीं मिली तो फिर और किसको मिल पायेगी, असंभव है, यह तो ब्रह्माण्ड भर में एक पद होता है यद्यपि यह सभी चाहते है कि उन्हे उनके जीवन - भोग योग दोनो रहें और सारी 84 लाख योनिया दिन प्रतिदिन इसी ओर बड़ रही है कभी यह पूर्ण शोधित होकर ब्राह्मण बन जाती है फिर उसमें भी कभी कोई ब्राह्मण अपनी स्वरूप की पूर्ण उपलब्धि जिसके 8 सोपान है, उनमें कहीं मुश्किल से कोई अष्टम सोपान में पहुंचकर वशिष्ठ ऋषि बन पाता है, जो पूर्ण ऋषि जीवन जहां पर योग भोग पूर्ण रूप से अपनी अपनी जगह स्थापित रहते हैं ।

पर आज तो मात्र हमारा एक ''गोत्र'' ही ''वशिष्ठ'' बचा है, जीवन नहीं....?

अगर हमारा गोत्र वशिष्ठ है तो हम अपनी कुल रीति पर विचार करें,

अभ्यास करे तुलसी ने अभ्यास किया, पर रतना ने साथ नहीं दिया योग मात्र के लिये, प्रस्थान कर दिया और गोस्वामी बन कर रह गये और फिर वह जनक जीवन की 'श्री' जानकी के माध्यम से यह भोग योग - प्रेम घर ऋषि जीवन खोजा ।

जो हमारा मानस, अब देखो यह प्रेम योग कहां से प्रारंभ होता है, वास्तव में प्रथम तो योग ही होता जब बच्चा बच्ची का 'संयोग' बन जाये तब विवाह होकर बाद में कही सारे बराती -घराती चले जाने पर 'रति' भोग का नेग होता है तो इस पद्धति से तो प्रथम स्त्री योग बनता है अब उसे भले हम योग में न बदल पाये सारा जीवन ही एक भोग में बिदाये (उलझाये) रखें।

अब देखिये इस प्रेम घर का योग कहां किससे द्वारा किस का बनता है?

महामुनि परम ज्ञानी विश्वामित्र भी अपने यज्ञ मे राक्षसों से जब परेशान हो जाते हैं तब मन में निर्णय लेते है कि यह निशाचर अब हरि के हाथ से मारे जायेगे और वन में जो यज्ञ कर रहे थे, वहां से अयोध्या राजा दशरथ के पास आते है और उनसे कुछ भी धन धान्य न चाह कर,उनके दोनो पुत्र मांगते हैं।

यज्ञ पूर्ण होने के लिये दोनो राजपुत्र अब यज्ञ का 'संरक्षण' करते है और गुरूजी से कहते है कि आप अपना विश्वजित यज्ञ शुभारंभ कीजिये और निर्भय पूर्वक यज्ञ सम्पन्न कीजिए।

प्रात कहा मुनि सन रघुराई। निर्भय जग्य करहु तुम्ह जाई।। (बाल. 210-1)

यज्ञ पूर्णाहुति होने पर ही जनक पुर में जो धनुष जग्य (यज्ञ) हो रहा, वहां विश्वामित्र का साधुमंडल जा रहा है ,सो श्री राम भी यह बात जानकर, यज्ञ देखने की अभिलाषा से मुनि के साथ चल रहें, वहां सभी नगर दर्शन कर देखकर एवं अपने भक्तों की, जिसे द्वापर में गोपियां एवं पत्नियां बनाना हैं, अपना स्वरूप बताकर वापिस गुरूजी के पास आ

जाते है।

जब गुरू जी विश्राम करते है तब दोनो भाई गुरूवर के चरण चापने (दबाने) लगते हैं यहां ''चांपना'' ही विशेषकर के लिखा है जिसका हेतु बहुत गंभीर है, यह विश्वामित्र की चरण चापना और यज्ञ रक्षा ही स्नेह को परिपूर्ण करता है कोई भी राजा न तो यज्ञ करके गये न ही अपने गुरूजी को साथ ले गये और न ही किसी राजकुमार राजा ने अपने गुरूजी के चरण चापे थे। यह बात गंभीर है कि यहां जो रामजी गुरूजी के चरन चापना लिखा है सो जरा विचार करिये - चरन चापन शब्दो पर जो अर्धाली में रखे गये है।

मुनिवर सयन कीन्हि तब जाई। लगे चरन चांपन दोउ भाई ।

च-रन, जो वहां धनुष जग्य (यज्ञ) में एक राजा के द्वारा धनुष उठाना ''रन'' है उस रन में कौन विजय प्राप्त करता है च-और कौ नहीं उसे चाप को उठाता है अर्थात चाप-धनुष न नहीं रहने देता अर्थात तोड़ डालता है ,यह रहस्य यहां गुरूजी श्री विश्वामित्र को सेवा से प्रगट हो गई है।

'चरन-चापन' चरण चापन से चाप (धनुष) नहीं रहेगा अर्थात टूट जायेगा, यह बात बिल्कुल सत्य है ,जो भी आदमी गुरू चरणों की सेवा करता है, वह संसार के समस्त वैभव अपने वश मेंकर लेते हैं, इसमें जरा भी संदेह नहीं है।

यह बात मनुष्य यहां यह मनुष्य अवतार में सीख तो सकता है....... सीख सकता है कि 10 हजार राजो (राजाओं) से धनुष क्यों नहीं उठा और राम ने उसे क्यो तोड़ दिया?

यह सब एक गुरू के 'चरण चापन' का ही परिणाम है, जिसे दशरथ जी महाराज भी कहते हैं।

जे गुरू चरन रेनु सिर धरहीं। ते जनु सकल विभव बस करहीं।।
(अयोध्या 3/5)

संसार में गुरू के बारे में सभी का एकमत है, कोई भी अवगुणी यह नहीं कहता कि मेरा गुरू नहीं, गुणी तो ठीक है पर *अवगुणों का भी तो गुरू होता है।*

बस रात्रि में चरण चापे गये और प्रातः ही आज्ञा मिल जाती है कि हे राम तुम्ह अच्छे 'सुमन' (पुष्प) लाओ वह अच्छे पुष्प - यहां की पुष्प वाटिका है बस वहीं जाना है....

यही समय है उत्तम......

जिसमें 'सुमन' ही सुमन मिलेगें और जहां सु-मन मिला बस प्रेम घर भी बन गया मन का मिलना ही तो कठिन है, *ऊदोमन माने की बात*........

भगवान बगिया में पहुँच गये और चारो तरफ देख -देखकर मालियो से पूंछकर प्रसन्न मन से तुलसी एवं फूल ले रहे हैं।

इसी अवसर पर माता श्री सुनयना जिसका निर्माण कोई साधारण वस्तुओं से नहीं वह तो ब्रह्मा जी ने संसार के समस्त जितने प्रकार के 'सुयश' होते है उनको और जिनते प्रकार के 'सुकम' (सुकृत) होते है वह तथा जो जिने लोक परलोक के सुख-सुविधाये होती है वह सब और इसके साथ ही जितनी सुन्दरतायें है ,हो सकती है उन सबको एक साथ समेटकर अपनी सृष्टि की दृष्टि से जनक की पटरानी सुनयना को बनाया जो श्री जी की माता जी है।

बड़ी कठिन बात होती है कि जहां सुन्दरता हो वहां सुकृत बना रहे, किसी ने तो कहा है कि "सुन्दर लड़की कुल की नाश" फिर सुन्दरता के साथ सुयश भी भी संसार में फैलाया हो इसके साथ ही सुकृत भी हो और सुख में पली हो, इन चारों का समन्वय, एक जगह केवल अगर है, तो वही श्री जी की माता बन सकती है।

विदेह की पत्नि है कोई 'देह' की स्त्री नहीं है।

जिस माता में सारे सुकृत समाये है वह यह बात क्यों नहीं जान पायेगी कि कन्या का सुकृत का समय आ गया है।

उन्होने अवसर को जानकर ही 'गिरिजा' पूजन के लिये भेज दिया,

वास्तव में पुत्र या पुत्री को प्रेम प्रसंग के अवसर एक माता के अंचल से ही प्राप्त होते है, प्रेम जो है माता के अंचल में तिरोहित रहता है, तुलसी दास जी भी कहते है हे मां 'कबहूँ कि 'अवसर'पाय' (विनय) अर्थात माँ से ही कहते है तो प्रेम के प्रसंग संग, मां के संग से शीघ्र बन जाते हैं, सो यहां गिरिजा पूजन को जनक ने नहीं 'जननी' ने भेजा है।

तेहि अवसर 'सीता तहँ आई। गिरिजा पूजन जननि पढाई।। (बाल. 228/2)

अगर गुरूजी ने 'समय' मिलाया तो सुनयना ने 'अवसर' को भांप लिया।

अवसर ही प्रेम में आनंद का प्रतीक्षा का भंडार है ।

अवसर जब मिल जाता है, प्रेमी अवसर की ताक में रहते हैं।

यहां अवसर में ही तुलसी ने सब कुछ कह दिया 'अवसर' एक रसिको का बहुत ही सुन्दर शब्द है, यह तो कभी अवसर ही बता पायेगा, समय कठोरता सूचक है पर अवसर तो मधुरता की माधूर्यता छिपाये बैठा है।

यहां पुष्प वाटिका में हो रहा प्रेम-घर, का घर जिसका घर दोनों ओर ही शीघ्र ही 'घर' करके रहेगा, प्रेम का घर तो मिल जाता है पर वह जीवन भर घर नहीं कर पाता, प्रेम-घर तो वही है जो प्रेम -घर कर जाये ,हां लोग प्रेम में घर तो लगाते है, घर नहीं बनाते है इसलिये ही आज लोग प्रीत के वियोगी है।

कलियुग में यही होता है लोग प्रेम- घर नहीं बनाते प्रेम में घर लगाते हैं, प्रेम घर लगाने वालो को हमेशा, विरह दुख रोग शोक ही मिलेगा तथा जीवन भर वियोग सहना पड़ेगा -

भए बरन संकर कलि, भिन्न सेतु सब लोग।

करहि पापपावहिंदुख, भयरूजसोकवियोग। (उत्तर 100/क)

और कवि धर्म के साथ ही मनुष्य को मानस रोगों की पीड़ा में भी यही संकट मिलता है। जिस रोग से सारा संसार पीड़ित है कष्ट भोग रहा है -

एहि विधि सकल जीव जग रोगी। सोक, हरष,भय, प्रीति, वियोगी।

यह प्रेम-घर का रोग सबको अपने घर का रोग हैं पर इसे कोई ही विरला समझ पाता है। 'पश्चाताप' करता है पर मिट नहीं पाता क्योंकि प्रेम योग है जिसका भोग से मिलान खाता नहीं है जो खाता है तो वह फिर प्रेम घर में पहुच गया है, इस प्रेम घर में पहुंचने का गुरू है एक 'सद्गुरू' गुरू -

सदगुरू बैद वचन विस्वासा। संजय यह न विषय कै आसा। (उत्तर 122/6)

सो यहां गुरूजी की तो श्री रामजी साथ में ही लिये है उन्हीं को आज्ञा से सारे कार्य कर रहे और यहां सीताजी अपने साथ अपनी माता जी की आज्ञा लिये, जिसके कारण आज राम जानकी को देखते है और सर्वप्रथम प्रेम की ही स्याई (मति) से उनका चित्र बनाकर अपने हृदय में रखते हैं।

प्रभु जब जात जानकी जानी। सुख सनेह सोभा गुन खानी।

परम 'प्रेम मय' मृदु मसि कीन्ही।चारू चितभीतीं लिख लीनी।

(बा.234-2)

भगवान ने जब जानकी जी को घर गाते हुये जाना तब उन्होने अत्यंत गहरे प्रेम से प्रेम की स्याई बनाई यह स्याई काली नहीं थी यह प्रेम की बनी जो कि प्रेम का रंग बिल्कुल स्वर्ण जैसा ही होता है स्वयं जानकी जी को लंका कांड में अग्नि परीक्षा के बाद जो पावक ने श्री जी को समर्पित किया हैं उन्हें 'कनक'पंकज की कली ही कहा है।

सो राम वाम विभाग राजति 'रूचिर' अति सोभा भली

नवनील निकट मानहूँ 'कनक' पंकज की कली।।

अर्थात स्व-वर्ण की सियाई (स्याई) 'सिय-आई' सियाई की सियाई कोई दूसरी वर्ण की नहीं 'मन्सी' और हम लोगो को बताने म-सी अर्थात मो सी - सीता का चित्र बनाया, यह परम प्रेम की सीता श्री राम के हृदय में विराज गई, राम को तो श्री का चित्र ही बनाकर हृदय में रखना पड़ा, क्यों अभी उन्हे जनक जी ने कन्यादान देकर पाणिग्रहण नहीं कराया, सो राम परतंत्र है।

सो मात्र अपने हृदय में केवल चित्र ही रख सकते है अगर कोई पूछे तो गुरूजी को वह चित्र बता तो सकते है कि यह है लड़की का चित्र जो हमने पसंद की है। पर जानकी जी ने यही भगवान का चित्र नहीं बनाया बड़े बड़े अर्थ विद्वानों के भावों आते है, स्वभाविक बात है हम किसी भी बच्ची को अपना नहीं बना सकते क्योंकि जब तक उसका पिता हमें वह 'दान' नहीं करेगा, तब तक हम परतंत्र है, तब तक के लिये हम चित्र ही रख लेते है।

पर यह बात शास्त्र संमत और लौकिक परम्परा में आज के विधान में भी पारित कि कोई बच्ची किसी को भी अपनी राजी से वर बना सकती है वह वरण करने में स्वतंत्र है, कई जगह पिता के अनुसार स्वयंवर नहीं हो

पाये और बच्ची ने अपना वर स्वयं वरण कर लिया देखो न स्वयं भगवान कृष्ण को 'रूकमणी' ने पत्र देकर ही ब्राह्मण के हाथ बुलाकर, उनके रथ बैठ कर भगवान को अपनी मर्जी से वर चुन लिया।

तो बच्ची वर चुनकर स्वयं उससे विवाह कर सकती है 'सावित्री' ने भी स्वयं सत्यवान को अपनी मर्जी से वरण कर लिया और आज इतिहास बना है

जो संसार अद्वितीय इतिहास है, अर्थात विवाह में पुत्री पूर्ण स्वतंत्र - पुत्र नहीं है यही जनकपुर में देखो लड़की की बात है शर्त लड़की रखती है और जो उसे पूर्ण कर लेता है वह वर हो जाता है ,द्रोपदी की शर्त अर्जुन ने मछली भेदकर पूर्ण की थी।

'स्वयंवर' स्वयं अर्थ देता है बच्ची स्वयंवर पसंद करती है, अपनी शर्त के अनुसार आज तक कोई स्वयंवर, वर (लड़को) की तरफ से नहीं हुआ क्यों?

लड़का कोई ऐसी शर्त नहीं रख सकता कि लड़की जब ऐसा कार्य करेगी, कर देगी तब हम उसके साथ शादी विवाह करेंगें।

पुराणो से लेकर आज तक शर्त कन्या की ही होती है, स्लाम में भी 'नकाब' की शर्त बच्ची ही रखती है।

यह बात बहुत ही गंभीर है यथार्थ विवाह कन्या का ही होता है जिस के उसके पूर्ण चिन्ह विद्यमान होते है, मांग-बिछुड़ी, सीधा पल्ला आदि श्रृंगार से लेकर वस्त्रो के हर तरीका कुआंरे से भिन्न हो जाते है, लड़को की सर्ट उलटी से सीधी नहीं होती, पर कन्या का विवाह उपरान्त सीधा पल्ला हो जाताहै। सनातन धर्म के जो वैवाहिक चिन्ह हैं वह दूर से बता देगें कि इस बच्ची की शादी हो गई पर बच्चे के पास कोई भी विवाह का चिन्ह शरीर-वस्त्रों में नहीं पाया जाता क्यों ?

इस बात से यह सिद्ध होता है कि विवाह नारी जाति का ही होता है। उसके विवाह चिन्ह में वर निहित है अर्थात विवाह 'एकाकी' है और सारा हिस्सा नारी के हिस्से में जाता है।

इसी परम्परा की ओर संकेत करते हुये श्री राम ने श्री जी का चित्र ही तो बनाया है पर जानकी जी वर-वरण करने पूर्ण स्वतंत्र है, जब उन्होने धनुष सहज ही सरका दिया था तो तुढ़वा ही लेगी।

श्री राम शक्ति तो वहीं 'शक्ति ही मनुष्य से कार्य कराती है सो जानकी जी चित्र न बनाकर संपूर्ण पूर्ण ब्रह्म के पूर्ण पौरूष के मर्यादा पुरूषोत्तम को पूर्ण रूपेण वरण कर लिया और ज्यों के त्यो ही हृदय में उतार लिये

जानि कठिन शिव 'चाप' बिसूरति।चली राखि उस स्यामल मूरति।

अर्थात 'सुरति' से नहीं जो विशेष सुरति योग है उसके साथ यह 'सुरति' योग बहुत ही कठिन है समस्त वासनाओं के बाद ही बन पाता है जब हृदय से समस्त वासनायें समाप्त हो जाती हैं तब कहीं 'यह' 'लय' काकभुषुण्डी की तरह बन पानी है सुर्शत जो राम को मिलाती है।

'मन ते सकल वासना भागी। केवल राम चरन 'लय' लागी। (उत्तर 110/8/6)

यही लय यहां वि सुरति 'योग' है एकनिष्ठ होकर एक ही लगन अर्थात 'रति' नहीं सु-रति वह भी विशेष 'वि-सूरति' में गमन होकर 'श्याम' मू-रति' को हृदय में बैठालकर चलती है और भगवान भी यहां जानकी जी को चार गुणो से विभूषित करते हैं

सुख - संपूर्ण सुख - आनंद

सनेह - संपूर्ण प्रेम - सुख

शोभा - संपूर्ण सुन्दरता (जो प्रीतम को मनभाये वही शोभा है)।

गुन खानी(गुनगानी शब्द विशेष महत्वपूर्ण है जो अरण्य में होगा)

प्रेम तो बहुत होते है पर जानकी जी 'प्रेमसुख' की सुन्दरता है और उसकी खानी भी है, अर्थात संसार के प्रेम कष्ट दायक भी सिद्ध हो जाते है, बल्कि हैं ही, सांसारिक समस्त प्रेम स्नेह 'सुख सनेह' नहीं बन सकते, एक न एक दिन प्रेम.....कीरा (कीड़ा) पाड़ देता है या इसमें कष्ट के कीड़े पड़ जाते हैं इसमें संदेह नहीं, हां कोई विरला प्रेम पूर्ण बन पाया हो - सो राम जी कहते है कि जानकी जी का स्नेह सुख की खानि है उस प्रेम में कभी कष्ट नहीं, सुख ही सुख है।

क्यों कि वह 'सुख प्रेम की शोभा की खदान है'। अब भगवान सुख प्रेम का चित्र लेकर चल दिये सुमन पाकर मुनि ने पूजा कर के 'सुफल मनोहर होहिं 'तुम्हारे', भगवान ने जो चित्र बनाकर ले गये थे वह अपने गुरूजी को बता दिया, कोई छलकपट नहीं किया क्योंकि भगवान का

स्वभाव बिल्कुल सरल है मन, कर्म बचन में कहीं भी कपट नहीं है। जानकी जी को भी गौरी मैया का विनय प्रेम से वनदान मिल जाता है कि जो तुम्ह सांवरो वर चाहती हों तो सुन सिय सत्य असीस हमारी, पूजहि मन कामना तुम्हारी।।

प्रेम से सब कुछ मिल जाता है, अब जहां धनुष टूटने की बात आती है, वहां भगवान तो सहज बैठे हैं।

सब अपने अपने प्रयास कर रहें ,पर यहां जानकी जी विनय में लगी है और सबसे अधिक वह गणेश जी को ही मना रही हैं न जाने क्यों?

जिन्ह गणेश जी ने स्वयं पृथ्वी पर राम लिखकर 7 परीक्रमाये लगाकर प्रथम पूजन का स्थान पा लिया और दौड़ में सबसे आगे ही रहे, यहां 'परिक्रमा' राम नाम की लगा रहे हैं और वहां दौड़ में सबसे आगे - आगे दिख रहे हैं।

यह एक ही इतिहास है कि कितना विज्ञान है खिलाड़ियों के लिये कि प्रथम आने को गणेश निष्ठा से प्रथम हम राम लिख उसकी परिक्रमा कर लेवे,फिर खेल प्रारंभ करें, निश्चित है हम प्रथम श्रेणी में आयेंगे।

पर निष्ठा तो श्री गणेशजी ही होना चाहिए, गणेश जी को मनाने बात बिल्कुल ठीक ही लगती है, क्योंकि जिस देव ने उन राम के नाम की परिक्रमा की है कर ली है और मुझे उनके रूपके साथ परिक्रमा करना है, भांवर पड़ना है ,तो इन्हे विदित है कि इनके साथ परिक्रमा कैसी लगती है, 7 परिक्रमाओं का अनुभव मात्र गणेश जी को ही है और श्री जी को भी 7 ही भांवर राम साथ होना सही धर्म विज्ञान है और इसी विज्ञान से आज भी विवाह में दुनिया में गोबर के गणेश जी सर्वप्रथम बनते है जो संपूर्ण विवाह तक चलते हैं।

जिसमें वर वधु की भांवरे ठीक-ठीक से पड़ जाये, संसार के कोई भी 'चक्कर' हो वह मिटाने का ज्ञान श्री गणेश जी ने राम की परिक्रमा करके प्राप्त कर लिया है।

हम भी गणेश जी से यही ज्ञान प्राप्त करे उनका कृपा से संसार के चक्करों से छुटकारा पावे - सो जानकी 'गणनायक' जी से विनय करती है कि हे गणपति जी, आप धनुष की गुरूता हरण कर बिल्कुल ही थोड़ी कर दीजिये जिसमें रामजी उठा लेवे और तोड़ डालते है, वास्तव में नारी

ही पुरूष की सफलता की कामना करती उसकी विजय हेतु ब्रत उपवास करती है।

जिसकी पत्नि जितनी अधिक पतिव्रता होगी सो उसका पति भी उतनी ही विजय संसार में प्राप्त करता रहेगा, कई राजधरानों में युद्ध के लिये तलवार स्त्रियां ही उठाकर अपने पतियो को देती थी, अगर उसमें कोई विवधान आ गया तो निश्चित है विजय में रूकावट आ जाती थी।

यहां तो रामजी धनुष तोड़े, उसके लिये जानकी तो गणेश जी को मना ही रही है इसके साथ सभी जनकपुर वासी भी अपने-अपने सुकृत देवो को दे रहे हैं मना रहे हैं क्या सुन्दर विधान पुण्य देने का –

गन नायक वर दायक देवा। आजु लगें किन्हिॐ तुअसेवा।।

बार-बार विनती सुनि मोरी। करहु 'चाप' गुरूता अतिथोरी।। (बा 257/7.8)

प्रेम-घर के अनुसार एक बात और है कि गणेश जी का जो वंदनीय श्री मुख है वह आखिर मां की आज्ञा में कट जाने पर ही तो मिला था अर्थात पार्वती जी ने अपने निज अंग के मैल से उत्पन्न किया था और आज्ञा दी थी कि कोई भी किसी को अन्दर नहीं आने देना, तो सच में गणेश जी ने अपना शिर दे दिया,माता की प्रेम भरी आज्ञा में भले वह सिर पिता शिव ने ही काटा हो ,पर आखिर उन्होने दिया ,तो जिस सिर का परिणाम यह हुआ कि मां के प्रेम -घर में ऐसे बैठे कि माता पिता को ही पूजन करना पड़ी और आज तक हम सबको शिव पूजन करने के पूर्व ही श्री गणेश पूजन करना होता ,जो वैदिक विधान है, जिसका परिवर्तन कभी संभव नहीं है,हर प्रकार से मान्य है ,तो यहां जानकी जी को भी अपने पिता का 'प्रण' भी कठिन दिखता सो आप हमारे पिताजी को भी ऐसा उपाय कर देवे जिससे वह ही 'मान' जाये कि हां... सो हमारे राम जी सांवरे सरकार का शिर प्रथम पूज्य हो जाये तो निश्चित है गणेष जी ने रामजी का शिर इतना ऊँचा किया कि अब जानकी जी से प्रेम बस 'जयमाल' पहिराते नहीं बन रही है। सुनत जुगल कर माल उठाई। प्रेम विवस पहिराइ न जाइ।।

कर सरोज जयमाल सुहाई। विस्व विजय सोभा जेहिं छाई।।

तन सकोचु मन परम उछाहू ।गूढ़ प्रेम लखि परइ न काहू।। (बाल. 264/6,2,3)

यहां प्रेम के तो ढेर लगे है एक प्रेम तो विवशता लिये जिससे माला पहिनाते नही बन रही हैं, दूसरा एक ऐसा छिपा प्रेम है, जिसका स्वरूप किसी को भी दिखाई नही दे रहा है, वह अत्यंत गूढ़ है, इसके भी आगे एक अलौकिक प्रेम आ रहा जिसके वशीभूत होकर श्री जी महारानी को भगवान के चरण स्पर्श करने में भय लग रहा है, यह कौन सा स्नेह है, जिसमें पैर पड़ने में भय लग रहा है, प्रेम अलौकिक है पर भय है तो चरण स्पर्श में प्रेम तो है और फिर 'श्री' प्रेम ....

उसमें भी 'गौतमतिय' की 'सुरति' हो रही है अब देखे यहां भी सुरति, वहां 'विसूरति' या दोनो को मिलान करे तो एक नया रहस्य खुलेगा, किसी को एक बात बड़ी सुन्दर है वह प्रेम के स्वरूप के लिए कहता है.......... आहे, सर्दे रंग, जश्मेतर, इन्तजारी, बेकरारी, बेसबर सीधी सी बात तो यह कि ''प्रेम विवस' गूढ़ प्रेम' गौतम तिय सुरति में कि जितनी देर हम माला नहीं डालेगे, उतनी देर तक सामने से रूप तो जी भर के निहार लेगें,, माला डाली कि सखियाँ तुरंत ही राजा की आज्ञा से भीतर ले जायेगे, फिर गौतम की अहिल्या की बाते प्रेम तो यों है ही कि वह चरण स्पर्श करते ही ''पति'' लोक चली गई ,हम तो पति के ही सामने खड़े है फिर क्यों? दूसरे अगर पति लोक -बैकुण्ठ निजि साकेत धाम चले गये तो सारी अवतार लीला ही समाप्त हो जायेगा ,अभी हमें इसी भूमि पर रहना है जहां नर लीला होना है।

वर माला की उलात (जल्दी) रहती है, उसमें प्रतिक्षा करा रही है जैसे धनुष की तोडने में की गई थी और भगवान झुक भी नहीं रहे थे सो यह झांकी देखकर लखन जी तुरंत ही पहुँच कर ज्योही भैया राम के पैर पड़ते है और रामजी उन्हे उठाने को झुकते है ,त्यों ही सीताजी जय माल पहिना देती हैं।

क्यों कि सीता इस समय 6 वर्ष की थी और रामजी 15 वर्ष के यह अन्तर संकोच की उम्र का है ही एक बात और आती है अवतार तो वहाँ के समय के अनुसार हर 2 मिनिट पर होते ही रहते है, सो कोई पूर्व की ही झांकी स्मरण कर रही होगी कि 'एकबार' वनवास के समय भगवान राम

अपने हाथ से हमें पुष्पो के आभूषण मालाये से श्रृंगार किया था और उस आदर में तुरंत ही सुरपति का पुत्र जयंत मेरे चरन में एक चोच मारकर रक्त बहा गया था, जिसको देखकर राम ने उसे एक सींक धनुष से 'सीख' दी अर्थात सींक से ही सीख दी सींक में दोनो बाते विद्यमान थी।

सीक-बाण एवं शिक्षा सीक दोनो अर्थ समझ में आते है और वास्तव में जयंत को 'सीख' मिल भी गई कहीं उसे बैठने को भी नहीं मिला, चाहें बाप का भी घर क्यो नहीं रहा हो क्यों बाप(पिता) का घर ही पक्का होता है ''लोग कहते है - का तुमाये बाप को घर ....।

पर जयंत को यह भी कहावत असत्य हो गइ।

यह बात सोचती है कि हमारे पुष्पों की माला श्रृंगार में तो जयंत ने बाधा डाली थी जहां कोई नहीं था, यहां तो लोक लोक राजा है, कहीं राम जी पुष्पों की माला जो पहिनेगे उसे जयंत की घरवारी ने (पत्नी न) आ जाये, देखने को तो मैं इस विवाह अवसर में किस प्रकार से सीक दूंगी राम ने तो सीक का बाण बना दिया था।

फिर भगवान कोई कागी चोंच मारकर भग जायेगी तो वह रूधिर धार बहेगी सो विवाह में वैसे ही वरवधु को 'हलदी चूना' लगाया जाता है बिना लगे ही पर फिर यहां लगे पर सखियां हलदी चूना ढूढ़गी राम के पैरे में लगने दो 'लोग हसंगे कि 'राम को धनुष तोड़ने में कुछ हाथ पैर में चोट आ गई, जिससे सखियां हलदी चूना खोज रही हैं, क्यों स्वयं जो श्री जी अनुभव करे बैठी थी, पुष्पों के श्रृंगार का और जो वहां चित्रकूट में 99 रहस हो रहे थे, उसमें जयंत घर बारी आई थी।

अभी वह श्रृंगार रत हो शायद स्वर्ग न जा पाई हो तो निश्चित है वह राम की शोभा जयमाल देखकर -''जयंती'' जय- माल के पीछे न पड़ जाये, बस यही श्रृंगार रस में डूबा है कि तुम्हने हमें पुष्प हार-श्रृंगार किया था सो जयंत आया, अब पहिनाये तो जयंती न आ जाये इन बातों में सभी प्रेम विवसता गूढ़ता का रहस्य भरा है।

इस प्रकार धनुष के टूटते ही विवाह हो जाता है।

क्यों जानकी विवाह धनुष के ही आधीन था।

टूटत ही धनु भयउ विवाहू। सुर,नर,नाग,बिदित सब काहू।।

जो प्राकृत विवाह था वह तो हो गया, अब वंश, कुल परम्परा वैदिक रीति से बरात आती है भांवर की तैयारी होती है जहां बरात में स्वयं कामदेव ही दूल्हा का घोड़ा बना हो, वहां की बरात शोभा की कौन बात हम कह पायेगें ,पर जनकपुर निवासी जो अपना अनुभव कहते हैं वह बहुत ही प्यारा एवं दर्शन से भरा है।

अरे भैया जानकी जी कोई जनक की बच्ची नही न ही राम जी दशरथ के पुत्र हैं, न हम लोग भी कोई जीव मानुषी शरीर हैं, हम सब तो संपूर्ण 84 लाख योनियों की ,की गई पुण्याई,सुकृत की राशी है और वैदेही जनक जी के सभी पुण्य सुकृत शरीर रखकर जन्म लिये है ।

इसी प्रकार दशरथ के सभी जन्मो के सभी पुष्प उपकार यज्ञ एक धर्म के सुकृत ही राम की देह घर आये है। सो यह बात हमें भी समझना चाहिए कि सारा परिवार हमारे पुण्य - पाप के रूप ही बन बनकर जन्म लेते है, चाहे वह पुत्र बनकर आये या फिर बधु पुत्री बन कर आये हैं ,सब हमारे ही सुकृत -कुकृत और कुछ नहीं सो हमें हर जन्म में धर्म संचय करना ही चाहिए, अगर हमें अपना परिवार इसी भांति चाहते हैं।

जनक सुकृत मूरति बैदेही। दशरथ सुकृत रामु घरें देही।

हम सब सकल सुकृत कै राशी। भए जग जनमि जनकपुर वासी।।
(बाल 310/1,4)

संसार का सारा खेल ही पुण्य पाप के परिणामें के फल है, सुकृतो का परस्पर विवाह होकर प्रेम रज्जू में बंध जाते हैं और अब अवध के लिये बरात विदा होती है ,जहां सवतो (सभी) रोते ही है पर तोता मैना भी रो रहे हैं और अब तो स्वयं विदेह जो परम वैराग्यवान वह भी प्रेम घर में रोकर आंसु बहा रहे हैं,

सीय बिलोक धीरता भागी। रहे कहावत परम बिरागी।

लीन्हि रायँ उर लाई जानकी। मिटी महा भरजाद ग्यान की।

बंधु समेत जनकु तब आए। प्रेम उमगि लोचन जल छाए।। (बाल 338/5/6/4)

अब जनक दुलारी अयोध्या में पधार जाती है, सारे विवाहित नेग जोग होते हैं और सासुजी हरें वधुओं को लेकर उसी भांति विश्राम करती है जिस प्रकार सर्प अपनी मणि को शिर में छिपाकर रखता है यह एक

मार्मिक प्रसंग है जहां शिव विवाह में श्रृंगार हैं वह यहां नहीं कहा गया।

सुन्दर बधुन्ह सासु लै सोई। फनिकन्हजनुसिर मनि उर गोई।। (बा.358/4)

अब किसी अच्छे मुहूर्त में वशिष्ठ जी के वैदिक आज्ञानुसार कंकन छोरे जाते है, पर वहां भी श्रृंगार की चर्चा कुछ नहीं होती..

सुदिन सोधिकल कंकन छोरे। मंगल मोद विनोद न थोरे।। (बा. 360/1)

'यहां केवल एक प्रेम ही का बर्ताव हो रहा है और शिव विवाह में प्रेम के साथ श्रृंगार भी स्पष्ट कहा जाता है।

करहिं विविध विधि भोग बिलासा।गनन्ह समेत बसहिं कैलासा।।

अब जरा शिव विवाह के पूर्व की झांकी भी कितनी विचित्र है जहां जड़ चेतन के स्त्री पुरूष नाम धारी है वह सब भोगरत हो गये है।

जे सजीव जग अचर चर नारि पुरूष असनाम।

ते निज निज मरजाद तजि भए सकल बस काम।। (बाल. 84)

पर इस काम झांकी में वह बच जाते है जिन्हें रघुवीर ने बचा लिया है, तो निश्चित है रघुवीर भोग से ऊपर प्रेम-घर में रहते हैं तभी तो विवाह के बाद कोई प्रसंग नहीं है श्रृंगार का हां प्रेम ही प्रेम की झांकी बनती है । अब तो वनवास के समय जानकी जी 18 वर्ष की और राम 27 वर्ष के हो जाते है पर कोई प्रसंग नहीं प्रेम के सिवा, देखिये श्री जी की बाते वह क्या कहती है राम जी से और दशरथ जी भी क्या अनुभव बताते है। कैकयी द्वारा जब दशरथ जी अपनी प्रिय पत्नि थी जिसके 'गहिपद' पर भी उसने नहीं मानी तथा सिर तक देने को तैयार हो गये पर उसने एक न सुनी और राम को वनवास मांगकर प्रसन्न होती है।

राम वनवास जाने को तैयार है, साथ में जानकी जी भी तैयार हो गई है, राम जी जितने धर्म, भय कष्ट हो सकते हैं वह सब बताये पर जानकी जी को एक भी बात नहीं जमी वह तो एक ही बात कहती है, ठीक है, आपने सब कष्ट बताये सो ठीक है पर सारे कष्ट मिलकर प्रिय वियोग के क्षणभर के बराबर नहीं है।

वन दुख नाथ कहे बहु तेरे। भय विषाद परिताप घनेरे।

प्रभु वियोग लवलेस समाना। सब मिलि होहिं न कृपा निधाना।

मुझे सब कष्ट मंजूर है पर आपका वियोग सहन हम नहीं कर सकते और हे नाथ मैं सुकुमार हूँ और वन के योग है आपके लिये तप योग्य है और मेरे लिये घर के भोग उचित है, कितनी सुन्दर बात है।

जहां श्री जी घर में साथ है, वहीं वह पति के साथ जंगल में भी खुशी है।

मैं सुकुमारि नाथ वन जोगू। तुम्हहि उचित तप मो कहूँ भोगू।। (अयोध्या 67/8)

यही बात तुलसी महाराज को अधिक खटक गई कि जब मैने राम कथा गुरू जी से सुनी थी तो श्री सीताजी राम जी के साथ तप - योग भोग धर्म कर्म घर वन में सदा साथ है, सात भांवरों के क्रम से 7 लोको तक साथ-साथ रहने का विधान कहा गया है।

पर यहां यह रतना तो मुझे तप के लिये राम स्नेह के लिये चित्रकूट भेज रही है और स्वयं घर में रहना पसंद करती है ,धन्य पत्नि तु क्या अर्धांगिनी की जायेगी?

क्योंकि जिस दिशा में हृदय आंख रहती है उसी में दाहनी होती ऐसा नहीं नहीं कि यह आखें दो दिशाओं में गमन करें 'बहु को आखों की उपमा आती है,चलो अब चार आखें हो गई, आखें जुड़ा गई पर यहां तो मुझे देखकर यह आखें लाल पीली करती है।

बस यही हाल सारे संसार का मचा है, एक केवल सुख, संपत्ति वैभव भोग , प्रतिष्ठा सम्मान का आनंद और भवनों का आनंद, जो दाम्पत्य को अभिशाप बन रहा हैं।

दूसरी जो परम्परा है कि जहां जानकी जी मिथिला का वैभव तथा अवध का ऐश्वर्य त्याग कर वन की पर्ण कुटी में कहो तो पत्तलों में भोजन करती है, वह मात्र कंदमूल फल का ही आहार यही है, एक 'सहचरी' का गुण पर आज सहचरी कठिन है ।

अब तो मात्र बीमा ही प्राप्त हो सकती है, आज जब कोई पत्नि का परिचय देता है तो उसके साथ धर्म अवश्य जोड़ देता है कि यह हमारी धर्मपत्नि है तो अब विचार करिये कि पत्नि को धर्म, कर्म ,भोग - योग और संपत्ति - विपत्ति में एक साथ रहना चाहिए, देखो संसार की एक वसुन्धरा, जिसने गरीब सुदामा का साथ किस तरह निभाया, कभी भी

गरीबी से ऊबी नहीं नही ,पति को कोई उलाहना दिया, कितनी पीड़ा सही मात्र पानी 'पीकर' ही सो गई पर पी-'कर' नहीं छोड़ा ,यह हमारी संस्कृति की आधार शिलायें है ।

जो आज के दाम्पत्य जीवन को आनंद भय बनाने में सहायक है। सारी बात है रतना और तुलसी के जीवन के मोड़ की क्योंकि रतना जीवन के अंत तक पश्चताप के ताप में जलती रही जो उसने अपने प्रियतम के मन की नहीं जान उनके स्नेह नेह में श्रोणित नहीं हुई उनकी लालसा को समझ नहीं सकी और अपने अविवेक पूर्ण बर्ताव से मोह की हठ से वैराग्य वाणी निकाल दी, जिस प्रकार से राम से जब सुग्रीव कहते है तो भगवान उसे वैरागित भाषा ही कहते हैं वैराग्य नहीं।

जब राम ने सप्त तालो का भेदन कर दिया बिना ही प्रयास के, तो वह बल देकर 'प्रेम' बढ़ा कुछ प्रेम शक्तिवत से भी हो जाते है ,धन के वैभव से भी लोगो का प्रेम हो जाता है, पर यह सब प्रेम जो वस्तु के बलाबल को देखकर जाग्रत होते हैं, वह उनके समाप्त होने पर समाप्त भी हो जाते है जिस प्रकार वैश्या का प्रेम ....

यह सब प्रेम - स्नेह नही है।

बिन्दु ने अपने जीवन के अनुभव के गीत में लिखा है।

हरि बिन तेरा कौन संधाती, झूठी जगत जमाती।

सब सुख पावत पति सों नारी, दिन प्रति हिय हरषाती...

धन, बल, रूप, घटै सोई नारी, कलह, करत दिन राती.......

तो यह सत्य है अगर आज तन्यपूर्ण गीत हे तो वह बिन्दू रचित मोहन मोहनी अवश्य ही चिन्तन करिये और उन्हे गाकर भी आनंद लीजिये और सुग्रीव की बात भी गुन गुनाते जाये, देखि अमित बल बाढ़ी प्रीती। बालि वधव इन्ह भई पर तीती।

उपजा ज्ञान वचन तब बोला, नाथ कृपा मन भयउ अलोला।

धन्य रे तुलसी महाराज जी क्या शब्द यहां रखा है सुग्रीव के लिये सुग्रीव कहता है।

हे भगवान, मेरा आज आपकी कृपा से पूर्ण रूप से 'अलोला' हो गया इसका अर्थ क्या अभी तक यह 'लोला' ही था बिल्कुल डरपोक था यह तो हनुमान जी के वैराग्य से जिंदा था हां तो देखिये, सुग्रीव वैरागी वाणी

सुख संपति परिवार बड़ाई। सबपरिहरि करि हऊँ सेवकाई।

ये सब राम भगतिके बाधक। कहहि संत तब पद अवराधक।

अब प्रभु कृपा करहू एहिभाती। सबतजि भजनु करौ दिन राती।

सुनि बिराग संजुत कपिबानी। बोलें 'बिहॅसिं' राम धनुपानी।। 22।(किष्किन्धा 7-13-15/16)

तो यह बैरागी वाणी रतना की स्वाती की तरह अनुरागी हृदय पर सीप में मोती बन गया और प्रेम तो उमड़ ही रहा है, मुड़ गया सो रतना का 'मोड़ा' गया तुलसी, मोड़ा गया सो रतना का मोड़ा गया............।

यह रतना का पश्चाताप अंत में राम कों उलाहना देता है कि मेरे जीवन में मुझे क्या मिला आपकी वस्तु तो आपको मिल गई पर मुझे .... राम इसी शब्दों के साथ जब निरूत्तर हो गये तो तुरंत ही श्री सीताजी महारानी प्रगट हो जाती है कि हे रतना भगवान को तुलसी मिल गये तु मुझें मिल जा...................

पर अभी हम अंत तक पहुँचे तो, जानकी जी भगवान के साथ वन को तैयार हो गई हैं और साथ साथ चल रहीं हैं, चित्रकूट के लोग यह कहते हे कि यह सब भोग वस्तुयें विधाता ने क्यो बनाई है जब ऐसे योग्य पुरूषो को वन में भेजना था, जरा विचार करिये...................

योग परिवेश को देखकर भी जन समूह निर्णय करता है कि यह तो भोग के लिये थे, कोमल स्वभाव भी क्या वन पत्थरों में चलते है?

अगर ऐसे सुन्दर पुरूषो को वन में रहना था तो फिर भवन ही क्यों बनाये ?

यह विषय बहुत ही चिंतनीय है हम इस पर थोड़ा गंभीरता से 'सोचे' मनन करें कि आखिर यह जन समूह क्या कह रहा है। यह सभी नगरीय विलासता को एक तरफ और दूसरी तरफ जगतीय कुटीरों की समन्वयता पर जोर दे रहे हैं ।

यह एक व्याज़ स्तुति है, जो बहुत ही सुन्दर शब्दों में धनवानो,राजपुरूषो पर कटाक्ष किया जा रहा है, जिस प्रकार महात्मा गांधी (राष्ट्रपिता) ने पद यात्रा और कुटियों में वास का एक खाका तैयार किया था, उन्होंने यह प्रसंग भलि भांति समझा था और चाहते थे कि हम नागर वन संपदा को समझे पर धन्य रे 'राजपुरूष' तुम्हने कुटी

भी बनाई तो करोड़ो की जिसमें 700/-रूपये एक थाली भोजन, यह तो 'पंचवटी' नही हुई यह पच-मढ़ी का हाल हो गया, अर्थात पंचवटी वह है जहां पंच लोग वटी, अपनी देश राह निकालते है पर यहां रास्ता तो न खोज कर पच-मढ़ी अर्थात जो जनता कभी सोने से मढ़ी थी, सोना ही सोना पहिने थी, वह सब सोना आपके वास में पच गया, खाकर पच गया, सो 'पंचमढ़ी' उपयुक्त नाम है या यों कहो कि अब पच नहीं रहा तो पंच-भरी बन रहा है।

किसी प्रकार पचा डालो, नहीं मरेंगे हारेंगें!

अरे भैया हमें 'पचमढ़ी' की तरह नहीं रहना,

हमें तो रहना राम की नाई 'पंचवटी' में तभी हमारा पंच, उप सरपंच और सरपंच 'वटी' भज पायेगा एकत्र हो पायेगा वटी उसे कहते है ,जो तीन रस्सियों को बटकर भांजकर एक रस्सी मोटी बनाई जाती है उसे वटी कहते है क्यों भैया कितनी 'वटी' कितनी भंजी.....

अब जरा देखो, इन संतो के साथ में रहने वाले जंगली लोगों की बाते क्या क्या सोच रहे ? क्या हम भी ऐसा सोच सकते है और राजपुरूष वैराग्य की भूमिका में पधारकर प्रजा को तुम्हारे बारे मे सोचने का अवसर मिल सकता है।

यहां प्रजा ने 6 प्रश्न उठाये है -भोग एवं प्रेम वैराग्य से युक्त अर्थात जब जहां भोग ऐश्वर्य है ,तो वैराग्य क्यों आया वन में और वैराग्य है, तो वैभव कैसे टिक सकता है?

क्योंकि भगवान ऐश्वर्य-भोग, भक्ति वैराग्य प्रेम-प्रेरणानंद पुर-दर और परमात्मा का एक साथ संयोजन ही जनता की समझ के बाहर है क्योंकि उसने ऐसा देखा ही नहीं है कि राग-अनुराग-वैराग, तीनो एक जगह रहा सके राग -वैराग्य का विरोधी है और अनुराग-राग वैराग का विरोधी है पर यहां तीनों के तीनो एक साथ चल रहे है, वैराग के साथ अनुराग और अनुराग के साथ राग, बराबर एक दूसरे के पीछे-पीछे चल रहे हैं।

एक दूसरे के पद चिन्हों की रक्षा भी करते जाते हैं नहीं तो अकसर पीछे चलने वाला आदमी आगे वाले के पद चिन्ह मिटाता हुआ चलता है पर यहां पर रामजी के पद चिन्हो को जानकी जी बचाकर चलती है और

लक्ष्मणजी ,राम और फिर मातेश्वरी के पद चिन्हों को बचाकर चलते हैं।

यह 'अनुगमन' की प्रेम पद्धति आज तो पुत्र ही पिता के घर गिरा कर आकार बदलता है, पुरानी डिजाइन है,ठीक है -

प्रभु पद रेख बीच बिच सीता। धरति चरन मग चलति सभीता।।

सीय राम पद अंक बराएँ। लखन चलहिं भगु दाहिन लाएँ।।

राम, लखन, सिय, 'प्रीति' सुहाई। वचन अगोचर किमि कहि जाई।। (अयो 123-5)

पुत्र, शिष्य अधिकारी कहता तो है कि हम तुम्हारे पद चिन्हों पर चलेगे पर वह तो पूर्व की मर्यादा रेखा खोंद कर ही चलता है या फिर अन्य काल्पनिक पंथ को लेकर चल पड़ता है बस यही गांव-गांव में हो रहा है उसी में से कुछ गांव के लोगो ने यह प्रश्न रखे है।

जौं ये इन्हहि दीन्ह वनवास। कीन्ह वादि विधि भोग विलासू।

भोग - 1

ए विचरहिं भगबिनु पदत्राना। रचेबादि विधि बाहन नाना

बाहन- 2

ए महि परहिं डासि कुस पाता। सुभग सेज कत सृजन विधाता।

सेज- 3

तरूवर वास इन्हहि विधि दीन्हा। धवल धाम रचि रचि श्रमु कीन्हा।

धवल धाम - (भाइटहाउस) 4

(भारबल भवन) - ताजमहल

जो ए मुनि पट धर जटिल सुन्दर सुठि सुकुमार।

विविध भांति भूषन वसन, वादि किए करतार। (अयो. 119)

वस्त्र-5

आभूषण - 6

जौं ए कंद मूल फल खाहीं। वादि सुधादि असन जग माहीं।।

मिष्ठान - 7

यहा गांव के लोगो ने तर्क युक्ति रखी है वह बहुत ही उपदेशक है पर 'मानस' रामचरित तो प्रवचन बन गया किसकी पड़ी ही कि वह सोचे कि मानस में लिखा क्या हैं।

उसको हम पढ़े और नित्य पढ़े समझे मनन कर करने का प्रयास करे जब सर्व समर्थ अखिल ब्राह्मण्ड नायक पर ब्रह्म परमात्मा को भी आदमी बनकर संसार में उपकार किया तो फिर आदमी तो आदमी है ही पर आदमी - आदमी कब बनेगा।

जब अपना ''मानस' टटोलेगा, हृदय से मानस - मानस देखेगा- यह बात 'मनु' ने भगवान से कही है कि हे प्रभु मै जो आपको पुत्र रूप से होने का वरदान मांग रहा हूँ उसमें हेतु यह है कि मैने जो 'मनुस्मृति' लिखी उसके अनुसार चरित्रवान मेरा वह पुत्र नहीं है ,

जो मैं घर छोड़कर आया सो आज हमारा मनु स्मृति को आचरण बनाकर अपना मानव जीवन संसार में बितायें और यह बात बिल्कुल स्वीकार कर उनके पुत्र बने और ''मनु संविधान को राम राज्य बनाया। हमें अपने शास्त्रों का अध्ययन नित्य-भोजन की भांति ही - दैनिक का आहार ही समझकर करना चाहिए, तभी हमारी वास्तविक भूख मिट पायेगी, 'घर की दार (दाल) रोटी से ही भूख मिटती है - बाहरी डबल रोटी से नहीं सो बात यही हो रही है, कि यह भोग - वाहन, सेज, भवन, (वातानुकूल)

वस्त्र-रेशमी

आभूषण - स्वर्ण -हीरा मोती -

मिष्ठान –

क्या इन वस्तुओं की जरूरत एक साधक साधु संतो को जरूरत जिन सभी सुविधों को त्याग कर 'मनु' अपनी पत्नि शतरूपा को लेकर वन में तपस्या की, पर आज तो वही आश्रम ठहरने योग होता है, जहां का प्रत्येक कमरा वातानुकूल हो,आज के सभी चित्र चल रहे हो वहीं आदमी रह सकता है, फिर घर और तीर्थ में अन्तर ही क्या बचा।

तीर्थ तो कंस कुटी में रहने का है जिस प्रकार भगवान रहते है। जब राजा सुख सुविधा के भवनो को छोड़ेगा तभी प्रजा संत भी अपनी प्राचीन संस्कृति पकड़ेगे, खैर राजा न समझे तो आज का साधु समाज तो समझे जो 'परिव्राजक' की उपाधि लिये है।

यहां भगवान ने समाज के दोनो पक्षो को ही शिक्षा बना दी, साधु जो पत्नि एवं भवनो की सुख सुविधा के बारे में सोचते थे, उन्हें बता दिया

कि देखो हमारी हालत और राजाओ को जो रावण जैसे स्वर्ण भवनों में रहते थे उन्हें भी चैंका दिया कि तुम्हारा वैज्ञानिक विमान स्वर्ण भंडार सारे ऐश्वर्य एक कुटी का वासी भी छीन सकता है,आज गर हाई अपनी 'कुटी चक्र' को समझ लेवे तो निश्चित है सारे विश्व की विज्ञान पर काबू कर लेगे उस पर विजय प्राप्त करके वैदिक परम्परा की रक्षा पूर्ण रूप से हो सकती है।

हमें पता होना चाहिए कि कांस की कुटी पर ओलो की नहीं चलती अर्थात ओले उसे तोड़ नहीं पाते और इसी के साथ भूकंप भी हिला नहीं पाता, प्लेक का भी उस पर जोर नहीं कि उसके भीतर जाकर भार सके अर्थात कांस, प्रदूषण की हवा से बाहर होता है तभी तो हम कहते हैं 'कास' ऐसा होता तो हम बच जाते 'कास' 'आकाश' एक लघु रूप है।

आकास में पूरे काश ही कास, 'अवकाश' है पर 'कास' थोड़ी 2-4 लोगो को ही अवकाश मिलता है, जो पर्ण कुटी में व्यास ने एवं बाल्मीक ने रामायण 18 पुराण रच दिये, वह क्या कहीं के किसी 'भाइट हाउस' में रचे गये, रामराज्य की देन भी एक वही पर्ण कुटी रहीं जिसमें भगवान निवास कर रहें हैं।

धन्य रे अखिल ब्रह्माण्ड नायक -

जो बाल्मीक रहने के लिये जगह पूँछते है एवं फिर पर्ण कुटी बनाते हैं।

तहँ रचि रूचिर परन तृन साला। वास करौं कछु काल कृपाला।

अब देखिये जहां जिस कुटीर में भगवान रहते हैं वहाँ उनकी शोभा कितनी अनूठी है अद्वितीय है।

लखन जानकी सहित प्रभु, राजत रूचिर निकेत।

सोह मदनु मुनि बेष जनु, रतिरितु राज समेत।।(अयो. 133)

जरा विचार करिये इस 'प्रेम-घर' में कितनी वैसम्पता से श्रृंगार बना है एक घर में मुनि भेष जहां जहां पर आगे इसी कुटी में इन्ही को अर्थात जो यह.............

कामदेव-

रति-

बसंत-

है अभी वही इसी कुटी में भक्तिज्ञान वैराग्य हो जायेगे -

आखिर इनका फिर यथार्थ रूप क्या है 'राजा भैया का जो ज्ञान भक्ति, वैराग्य भी है और काम - रति ऋतुराज भी है यह किस प्रकार संभव है।

इसलिए तो भगवान का रूप निर्गुण ,सगुण, विषम,समरूपम कहा गया है।

यथार्थ यही रूप सत्य है यही जीवन की उपलब्धि है जिस जीवन के स्वरूप में ज्ञान, भक्ति, वैराग्य के साथ काम, रति, बसंत होते है वही जीवन जनक की स्वरूपता यही जीव की सहज मांग है पर कही भी किसी अत्रि, अनुसुई, वशिष्ठ, अरून्धती, मनुशत की बन गई हो-

सानुज सीय समेत प्रभु राजत परन कुटीर।

भगति ग्यानु वैराग्य जनु सोहत धरे सरीर।।(अयो. 321)

जिन स्वरूपों में पूर्व दोहा 133 में काम, रति बसंत देखा था, वैराग्य के रूप से अब उन्ही तीनो रूपों मे, ज्ञान, भक्ति, वैराग्य, देखा गया बस कितनी अच्छी उपलब्धि है, पर्ण कुटी में जिसमें श्री भगवान रामजी जानकी जी एवं लखन लाल जी महाराज विराज रहे हैं।

पर परिवार परमात्मा के प्रसंग में एक - प्रसन्नता में नहीं रह पाते जो तुलसी की खोज थी और उन्होने अपनी वाणी में लिखायी है।

मंत्रराज निज जपहि तुम्हारा। पूजहिं तुम्हहिं सहित परिवारा।। (अयो. 129/6)

तो यहां यह 'उपमा' हमे''मा'' के जीवन की ओर ले जाती है माँ और उपमा ही एकता ही ऋषिजीवन है। और भी हम अन्यत्र इन्ही तीनों को देखें .....

जहा पूर्ण रूप से कह दिया गया है।

आगे रामु लखनु बने पाछें। तापस वेष विराजत काछे।

उभय बीच सिय सोहति कैसे। ब्रह्मजीव बिच माया जैसे।।

(अयो.123/1-2)

और यही तीनो फिर

उपमा बहुरि कहउँ जियं जोही।जनु बुध विधु बिच रोहिनि सोही।

अर्थात यह तीनों, चन्द्र - रोहणी और बुध भी है और अंत ब्रह्म, माया और जीव भी है यह ज्यौंकि त्यों 2 बार आती है एक बार 'श्री' के साथ और एक 'सिय' के साथ तो यह भी बहुत गंभीर बात है कि अगर श्री अक्षर रूप से संयुक्त है तो सिय अवतार क्षर को लेकर या यों कहो कि एक नित्य लीला धाम - साके धाम और दूसरा अवतार भूमि जनकपुर से संसार या निर्गुण सगुण मान लो, क्योंकि अवतार में दिव्य शरीर के साथ लौकिक भी संयुक्त रहता है, जैसे स्वप्न का शरीर इच्छा मय होता है पर स्पर्श का सुख दुख होता है और हम कभी जाग भी जाते हैं क्यों इनका संबंध अभिन्न होता है।

अब जो सीताजी ने कहा था कि मेरे भोग और आपके लिये तप है सो अब सभी एक कुटी, भक्ति, रति विराजमान हैं भगवान एकादि श्रृंगार की झांकी बना रहे थे अपने ही मन से अपने ही स्वयं के हाथ से मन, मन पुष्प चयन कर लाते है और सीताजी को बड़े ही सुन्दर -सुन्दर जेवर बनाते है, सभी बन जाते है तब अपने ही हाथ से बड़े ही प्रेम आदर के साथ उन्हें पहिनाते है, नख शिख श्रृंगार करते है, प्रत्येक आभूषण अपने रूप में विद्यमान है पांव की बिछुड़ी, अगर है तो वह स्वर्ण बिछुड़ी सी है उसमें सुगंध स्वर्ण आभूषणों में तो सुगंध नहीं होती और अगर विचोली हार नथ करन फूल शीष फूल करधोनी हाथ फूल वेदी, चूड़ामणि, पायजे, नूपुर, कंगन, चूरा, कटीले गजरा, बोंटा, बार्के हार नौलाखा, गिनते गिनते जब स्वयं भगवान अपने हाथ से जेवर बना रहे है गढ़गढ़ के पहिना रहे हैं ,तो अब कभी क्या रहेगी अर्थात जानकी एक चेतन 'पुष्प वाटिका' का रूप ही हो गई किसी-किसी ने तो कई पुष्पों की कही है, सो वस्त्रों मे भी पुष्प गुथे है, वैसे साड़ियों में फूल तो बने ही रहते हैं, जो मात्र रंग ही होते है पर यहां तो राम जी ने वस्त्रों में भी पुष्प जो पुरोये है, वह सहसा समझ में नही आते है कि पुष्पों की साड़ी है कि वस्त्रों मे ऊपर से लगाये है ।

वैसे भी सारी प्रकृति पुष्पों से ही सजी है यह प्रकृति का श्रृंगार जब सृष्टिकर्ता स्वयं अपने हाथ से करेगा तो कितना सुन्दर होगा क्योंकि जिसकी प्रकृति है उसकी प्रकृति ही है उसको सजाने की और किसी की प्रकृति ही होती है प्रकृति को बिगाड़ने की 'सो यह तो भगवन की प्रकृति हे उनकी ही अपनी है और फिर जब स्वयं प्रकृति में भक्ति -रति का

संयोग हो जाये वहीं माया - ब्रह्म के साथ, जब खेल रहा हो तो माता पिता की खुशी क्या होगी पर हमारा 'लक्ष्य-मन' तो बने तभी यह झांकी दिख पायेगी।

भक्ति,रति,भगवान,ढिग, माया, ब्रह्मसंग जीव।
'हाले'फूल'फूल सो, श्रृंगार दयालु सीव।।

यह अद्वितीय श्रृंगार की दिव्य झांकी योग-भोग के कामदेव और उसका - राज्य का राजकुमार जयंत नहीं देख पाया, सोचता है, अरे कामदेव -'मुनि' ऋषि बन गया, रति, भक्ति बन जाये यह तो फिर हमारा संसार ही चैपट हो जायेगा, यह सभी भरत की नजर से ही देख रहे है।

वेदी पर मुनि साधु समाजू। सीय सहित राजत रघुराजू।।
बलकल बसन जटिल तनु स्यामा। जनुमुनि वेष कीन्ह रति कामा।।
(अयो. 239/6-7)

यह कितनी विचित्रता है कि जो अभी अभी भक्ति, ज्ञान थे वही अब 'रति-कामदेव' हो गये? बस यही तो उपलब्धि है ,जीव की, कि भोग-योग में प्रवेश कर जाये, ऐसी ही कथायें शास्त्रों में पड़ी है ,कितने भोगी - तुरंत योगी बन गये , अरे बात यही जहां तुलसी खड़े है, रति की प्रतिक्षा में पर, रति ने रूप रख लिया एक भक्ति, जिसमें ज्ञान मिला वैराग्य के साथ बस यही तो जीव का झगड़ा है, जिसमें उसे 84 लाख योनि पाने पड़ती है।

भोग - योग का झगड़ा अनादि है यह स्वयं ब्रह्माजी को भी अपना एक शिर कटवाना पड़ा, सृष्टि के पूर्व ब्रह्माजी के पांच मुख थे उन्ही पांच मुखों से पंचमुखी शिव महारूद्र उत्पन्न होते है पर जब सरस्वती जी का सृजन हुआ और विधि की नजर का योग बना तो, भोग सृष्टि ने जन्म ले लिया जिसको शिव (कल्याण) मार्ग नहीं देख सका और उसने उस पंचम 'पंच' मुख जिसमें न्याय नहीं था उस पंच शिर को त्रिशूल से काट डाला और ब्रह्माजी चार मुख के ही बचे तभी तो लोग कहते है अरे भाई जो 'चार' करेंगे वही मान्य होगा, मजे की बात है इन चार में पंच होता है। बात चार की है अर्थात प्रेम घर का प्रवेश ब्रह्माजी को अपने शिर के कटाने पर ही मिला।

विश्वामित्र ने कितने योग साधे जिसमं ''उर्वशी' पधारी और शकुन्तला का जन्म देकर चली गई योग - भोग जन्म देता है और भोग

भी, योग की ओर ले जाता है ,पर है,बात संयोग की-

भोग, योग के साथ में, भारत संस्कृति मान।

ऋषि जीवन आधार सो, योग दयालु प्रान।।

पर यह बात कहने में जितनी सरल है, कि ''जोग-भोग में राखिउ गोई.....।

उतनी सरल नहीं कि जीवन में उतर जाये, तुलसी का अध्ययन इसी ओर था जिस प्रकार भोग के बाद ही चैतन्य महाप्रभु रात्रि में ही नही पार होकर जाते है, जहां वह सन्यास लेते हैं।

हम जरा, तुलसी और चैतन्य की झांकी में अन्तर देखे "चैतन्य चरिता बली" (लेखक-प्रभुदत्त ब्रह्मचारी) के ही शब्दों में चैतन्य महाप्रभु एक महान अवतारी महापुरूष रहे, जिन्होनें एक लक्ष्य से कीर्तन को जन्म दिया, हरे कृष्ण हरे कृष्ण, कृष्ण, कृष्ण हरे-हरे हरे राम हरे राम, राम राम हरे हरे,।

सो यहां द्वापर के प्रेम स्वरूप के भगवान कृष्ण को त्रेता के राम से ऊपर बैठाल दिया भले राम ने एक पत्नि व्रत पूर्ण किया हो और संसार में ''मर्यादा'' पुरूषोत्तम की स्थापना की हो पर प्रेम रसिका राधे की प्यारी अंगिता, प्रेम के रस में मर्यादा के घाट बहाती हुई, संकीर्तन की धुन में वन वन में शेरो चीतो चोरा, पठानो की खलता में 'हरि बोल' के बोल बुलवाकर ''हरे कृष्णा हरे कृष्ण करवा देते हैं।

ऐसे प्रेमाचार्य रसिक महाप्रभु जिन्होने एक पत्नि विवाह मरणोपरान्त दूसरी शादी करके उसे अतिशय आनंद रस भोग देते रहे, धन्य री विष्णुप्रिया, सचमुच तू ही 'प्रिया' कहलाने की अधिकारी है फिर उतने पर भी विष्णु-प्रिया कोई साधारण प्रिया नहीं जो पत्नि अपने पति को भोग से संतोष कर उसे योग भक्ति में रत कर देवे, अगर हम ऐसा कहें कि इस युग के महान पुरूष एक भोग संतोष संत चैतन्य महाप्रभु ही है तो भाव नहीं सिद्धांत है, तभी तो वह चैतन्य - हो गये और जो भोग से चैतन्य हो जाता है, यथार्थ में चैतन्य होना बड़ा कठिन है आदमी को चैतन्य करने में कितना परिश्रम वैद्य डॉक्टर को करना पड़ता कि अन्य जो मानस रोगो के पीड़क है, उन्हें तो कितने भारी से भारी विद्वान संत उपदेशक भी आज चैतन्य नहीं कर पा रहे है। जितना आदमी भोग में

चैतन्य हो उठता है ,उतना योग के लिये चैतन्य हो उठे तो वह चैतन्य महाप्रभु के स्वरूप में उदभूत हो जाती है, अगर हम ऐसा कहें कि भोग में आदमी जड़ हो जाता कब जब भोग में आसक्त हो जाता है, आसक्ति ही जड़ता है, भक्ति की शक्ति ही चेतनता है और भक्ति रस से सरावोर हो गया है ,भोग से संतोष पा गया है वह तो वही चैतन्य हुआ है और वही जड़ समाज को चैतनता प्रदान करता है, तभी चैतन्य ने कितने प्रकाशानंद चैतन्य कर दिये ज्ञान को प्रेम से भर दिया और स्नेह को बहा दिया जो आज तक कभी सूखा नहीं है। अनवरत विश्व में बह रहा है वह प्रेम प्रवाह , तभी प्रेम के नाम में स्वामी करपात्री जी ने कहा है

सर्वेरसाश्च भावश्च तरंग इव वारिधौ।

उन्मज्जन्ति निमज्जन्ति यत्र स प्रेम संज्ञकः।।

(चैतन्य चन्द्रोदय)

सर्वाभावरस उर बहे, करूणा क्रोध विवेक।

भेग योग मन शांति, प्रेम दयालु टेक।।

प्रणय प्रेम के उर बसे, द्वैत प्रेम में एक।

एक एकता भिन्न तन, षिव लिंग दयालु नेक।

यह प्रेम रूप चैतन्य जब अपनी भोग पराकाष्ठा पर पहुँचे तो वह रात्री का श्रृंगार कोई लेखक अपनी वाणी में नहीं उतार सकता, वह दिव्य भोग विष्णु प्रिया का श्रृंगार मिलन, जो श्रृंगार महा प्रभु ने अपनी पत्नि का अपने हाथ से किया, विचारी रति योगी क्या समझे कि आज यह श्रृंगार मिलन का अंत है, जो 'अंत एक संत को जन्म दे रहा है, आज चैतन्य 16 श्रृंगार कर रहे अपने हाथ से साड़ी की कटि से कटिबंध कुचन की चोली कुशलता के हाथ से गांठ लगा लगाकर कस रहे है, चोटी में पुष्पो का गुन्थन कर रहे हैं, केशर का लेप अधरो पर लाली लार का लाल लाल विवरंव्म कुंदरू उतार रहे है, करे के करो में कर रहे है भेदनी की भेदी भेदी रचना आज सचमुच 'मेंदी' मेंहदी नाम सार्थक हो रहा है

मेह नेह श्रृंगार दी , काम निकाम कमान।

कुचन किंशुकानावीकसी, आद्र श्रोणित बान।।

मेहँदी आज में मैन्दी बन गई अर्थात सारा काम अहम मै ही प्रभू ने दे दिया चढ़ा दिया कामनी के उरो पर और कामनी पत्नि भी पूर्ण समर्पित

हैं-

मन तन दोनो पलट गये, नत नम भये कठोर।
लाल गाल चुम्बन अधर, विरक्त रक्त नहिं मोर।।

धन्य रे वह रात्री जिसकी मात्रा बढ़ गई 'रात्रि' नहीं रही, रति क्रीड़ा की रात आज बिल्कुल अपने कुचो का नाम भी सत्य कर रही है, हमें तो लगता है कि महापुरूषो की लीला शब्द ब्रह्म को साकार करती है, हम 'कच' कहते चले आ रहे है पर आज जाना कि इन्हे हम या साहित्य में कुच क्यों कहते है, इस अर्थ को चैतन्य ने चेतन कर दिया अभी तक जो कुच थे वह मात्र पयोधर या योवन ही बने थे वह कहते है 'समुद्र बसने देवि, पर्वत 'स्तन' मण्डले। कि 'योवन' योंवन पहाड़ो की औषधि युक्त ऊँचाई जिसमें दूध की नदियों की धारा बहे, किसी का जीवन यापन हो, वह पा - पाकर प्राण संभाले, जिन्ह पहाड़ो को खोदकर कुचल कर सारी वस्तुये हम ग्रहण करते है, सो

कुच कुच भारी हो गये, कर कर कुच कुच मोद।
पय पयोधर कुच कुच भरों, कुच दयालु कुच सोद।।

धन्य रे कुच, जो कुचल-कुचल कर भी,करो के अंग से मन को आनंद से भर देते है, नजर को जरन शांतकर देते हैं, किसी कवि की बात कितनी सुन्दर है, कि संसार में ऐसा कोई भी समर्थ नही हुआ जिसके कामनी और कुचन पर हाथ न गये हों। तो आज यह चैतन्य के करों से कुच कुचकर रक्तरंजित कंज-कसिकी अरूणता से खिल रहे हैं पर यह रक्त अधर ही बना है अधरामृत रसपान आज पान को लजा रहा है आज पान पीड़ा की पीड़ा में समाहित हो रही है। धन्य रे यह काम पीड़ा जो 'पीड़ा' आनंद की वैराग्य की पीड़ा (चैकी) बन गई।

(क) एक विचित्र संयोग महान पुरूषो की स्मृति लेखन में यहां जिस प्रकार चैतन्य की रति (राग) प्रिया के योग रीत गई खाली हो रही थी उसी अक्षर में कलम स्याई (राड) भी खाली हो गई वाह रे संयोग अर्थात महापुरूष की घटना बिल्कुल सत्य है यह हमारा अनुभव है। दूसरी कमल से 07/12/1999 को दोहा पूर्ण करना पडा।।

पीड़ा-पीड़ा बन गयी, पीड़ा चैतन्य प्रीत।
प्रिया प्रीत रीति रति, रीति दयालु मीत।।

इस प्रकार सारी रात रति में व्यतीत हो गई पत्नि रति आनंद भोग की थकावट में विश्रांति गहरी नींद में हो रही है ,अलसाई अखिंया और भी सुन्दरता बढ़ा रही है। उस आनंद योग में वह भूल भी गई कि यह सम्भोग का अन्त है उसमें आनंद समझ रखा था जबकि चैतन्य प्रति सचेत थे वह भोग की अंतिम सीमा निहार रहे थें कि यह आनंद भीतर से बाहर आ रहा है कि बाहर से भीतर पहुँच रहा है और जब उन्होने देख लिया कि यह भीतर से ही निर्झरित है इसका श्रोत मै हूँ और वह मै मैं नहीं हूँ, शाश्वत है ,प्रतिबिंब है ,बस जब भोग को पूर्णरूप से समझ लिया सो पत्नि को भी आनंद की तुरीय अवस्था में सुलाकर घर की देहरी पर एक पैर बाहर एक भीतर आकाश में पूर्ण चन्द्र निहार रहे है।

भोग की स्मृति आनंद पत्नि का चन्द्र मुख और नभ का कृष्ण चन्द्र दोनो के बीच खड़ा है भोग से उपरति पाकर योग का योगी प्रेमी रसिक चैतन्य संकीर्तन का देव आज इस देव ने जान लिया कि जोग भोग मह राखेऊ गोई। निकाल लिया-भोग से -योग पूत पुत्र नहीं बना सके चैतन्य स्वयं पुत्र बन हो जाता है, विवेकानंद शिकागो में युवती के स्वयं ही तो पुत्र बन गये थे। आज भोग से पूर्णतृप्त चैतन्य - महाप्रभु हो गया और संसार को चैतन्य करने निकल पड़ता, जोग भोग की दुविधा के निबारक सदगुरू की गोद पाने कूद पड़ा भव सरिता की नदी में जो नवद्वीप में वह रही थी और रात रात में गात पार कर लेता है प्रभात में गुरूनात हो जाता है।

अब तो यह चैतन्य प्रेम का ही अवतार बन गया फूट पड़ा रोम रोम से स्नेह का रोमांच 'कठहर' अब क - ठहर कहां ठहर चरैवेति के वैदिक सिद्धांत की राह से चलते गये चलते गये।

तो चैतन्य घर से भोग तृप्ति से तृप्त होकर पत्नि के आनंद में विभोर हो कर निकले और 'जनमानस' को कर दिया विभोर का स्नेह 'भोर' वास्तव में विभोर वही है जिसका भोर (प्रातः) हो गया।

जानहिं तबहि जीव जग जागा। जब सब विषय बिलास विरागा।।

यही उठना -जागना भोर है जिसमें पिता के पैर छुए जा सकते है माता के चरणो की रज माथें से लगाई जा सकती है, इसी भोर में राम जी -

प्रातःकाल उठके रघुनाथा। मात पिता गुरू नावहिं माथा।।

यह तृणवत सहिष्णुता चैतन्य की वैराग्य से प्रेम प्रगट हो गया, प्रेम का जनक वैराग्य है, राग नहीं- राग तो विषयो को जन्म देगा, जिन विषयो में विष शब्द का योग है उसमें 'अमृत स्नेह कैसे भर सकता है। यहां हमने तुलसी घर की झांकी देखी जहां वह पत्नि की फटकार से बाहर आये, तथा 'महाप्रभु' की राह देखी जो पत्नि के तृप्त रूप से बाहर आये, संसार में चैतन्य' एक ही महापुरूष है जिसमें तृप्ति के अनुभव में वैराग्य लिया, पति तो बहुत है 'तृपति' विरलों को श्री मति दे पाई।

पति 'पति' मिलवो सरल, 'जगत पति संग होय।

मिलीं न तृपति, बृहस्पति, भूपति दयालु रोय।

और यही तिरपति (तृप्ति) की राह आई गोपियां, जगत पति से भी तृप्त न हो सकी और भीलों के घर बलात पहुँच गई तारा, बृहस्पति को त्याग चन्द्रमा के साथ ,होली पर चन्द्र तो चन्द्र दिन का ही है फिर बृहस्पति के घर आ गई यह प्रेम घर की खोज कितनी है जिसने देवताओं के गुरू बृहस्पति की तारा को भी 'चन्द्र' ने भोग में खें च लिया और 'बुध' को जन्म दे दिया।

अगर हम ऐसा सोचें कि चन्द्र भोग भी 'बुद्व' को जन्म दे सकता है तो 'सूर्य प्रेम' किसको जन्म देगा ,यही सूर्य के सूर्य को तुलसी ने पकड़ लिया और 'मानस' में उड़ेल दिया मानस का स्नेह प्रेम जहां सीता राम प्रेम कैसी मूर्ति है जिस प्रेम के रूप में तुलसी तड़प रहे थे वही मानस में चित्रण किया - सीता राम ही वह सगुण प्रेम है, प्रेम ही ईश्वर है यह बात शिव अपनी उपस्थिति में कहते हैं जो इससे भी बहुत आगे है, ईश्वर भी प्रेम प्रगट होता है, जिसको अपने सामने प्रभु को देखना है, वह प्रेम को अपने जीवन में बैठाल लेवे, प्रभु अपने आप उस हृदय में आ बैंठेगे।

जिस रूप का मानस गान करता है कि वास्तव में परमार्थ रूप प्रेम ही है और सारा संसार –

अर्थ - रूप है

अर्थ रूप संसार सब, विद्युत अर्थ विज्ञान।

अर्थफेस के मिलन में, भव उजेला जान।

अर्थ नहिं परमार्थ तन, श्री रामभगवान।

प्रेम राम परमार्थ पद, परस दयालु प्रान।।

पर इस प्रेम तत्व का रहस्य तभी खुलता है जब हमारे मन से मोह से जन्में भ्रम का नाश हो जाता है और विवेक जाग्रत हो जाता है।

सो फिर अर्थ के बाद परमार्थ जाग्रत हो ही जाता है।

होइ विवेक मोह भ्रम भागा। तब रघुनाथ चरन अनुरागा।

प्रेम ही परमार्थ रूप है,

सखा परम परमारथु ऐहू। मनक्रम बचन रामपद नेहू।। (अयोध्या 93/5-6)

सो सारे संसार की नदियाँ जिस प्रकार समुद्र में जाकर समाप्त होती है, उसी प्रकार सारे जगतीय प्यार विषयी प्रेम ज्ञान नेह राम पद में ही पहुँच जाते है और भगवान श्री राम इस प्रेम तत्व को श्री जी के संदेश में कहते है। यह प्रेम एक दम्पत्ति ही जान सकते हैं ,उनके बीच की बात है ,अगर हम ऐसा कहे कि पति पत्नि के समस्त प्रेम व्यवहार का नाम ही एक 'श्री राम चरित मानस' है इसी में शिव दाम्पत्य का निचोड़ निकला है उसी प्रकार 'संकीर्तन' भी चैतन्य का दम्पति तृप्ती की देन है।

क्योंकि निर्गुण ब्रहम किसी भी दाम्पत के उदर से जन्म लेगा, निर्गुण - निर्गुण से ,सगुण कभी नहीं हो सकता ,इसी दाम्पत की झांकी के श्रृंगार में भगवान कहते है, हे सीते , सुनो - यद्यपि यह बात हनुमान जी कह रहे है पर पढ़ने पर बिल्कुल ऐसा मान लिया जाता है जैसे राम जी ही कह रहे हो तो यह भी आश्चर्य है अद्वैत का मान होना भी सही है क्यों हनुमान के भीतर हृदय में सीता - के सहित राम जी बैठे हुये हैं, *जासु हृदय आगार, बसहिं राम ....*

सो यही हृदय से राम बोल रहे हैं रही बात पवन पुत्र की सो सारे अक्षर प्राण वायु से ही बनते है। इस सिद्धांत से कोई भी आदमी कोई भी अक्षर बिना पवन पुत्र की सहायता से नहीं बोल सकता हमने केवल यहीं भर हनुमान जी को संदेश देने वाला मान लिया पर ऐसा नहीं है सारे संदेश पवन पुत्र के द्वारा प्रेषित होते है, हनुमान जी प्राण वायु हैं और शब्द कान से ही सुनाई देता है तभी तो सभी वेदो को हमारे यहां 'श्रुति' ही कहा गया है, यों श्रुति कान से उत्पन्न प्रगट है, सो पवन पुत्र भी शिव वीर्य कर्णेंद्रिय - गुरूमंत्र दीक्षा के संसार से अंजनी के उदर में आते है ,यह एक दर्शन है

जो मात्र कथा मात्र रह गया है विज्ञान तुप्त है, हम अपनी कथाओं का दर्शन करें, जिस दर्शन में परमात्मा का दर्शन निहित है।

और इसी दर्शन को 'मानस' कहता है कि अपने हृदय में ही बसे भगवान को बिना शिव के द्वारा नहीं देखा जा सकता।

भवानी शंकरो वन्दे श्रद्धा विश्वास रूपिणौ।

यभ्यां बिना न पश्यन्ति सिद्धाः स्वान्तः स्थमोश्वरम्।।

यही तो शिव राम की अभिन्नता का स्वरूप है राम का हृदय शिव है शिव का हृदय राम है, शब्द - ब्रह्म अक्षर ब्रह्म जो श्रुतियों में निहित है, जब तक प्राण, तब तक अक्षर प्राण अक्षर एक है अगर हम राम-प्राण कहे तो अक्षर शिव ही कहा जायेगा और इसीलिये शिव की डमरू से अक्षर निर्णुत हैं और इन अक्षरों की आत्मा प्राण जिसे राम कहा जाता है, जिसे मानस कहती है कि राम तो ब्रह्मा, विष्णु ,महेश और वेदो (श्रुतियों) का प्राण है।

विधि, हरि हर मय वेद प्रान सो।अगुन अनूपम गुन निधान सो।।
(सुन्दर 19/2)

इसके बाद वसिष्ठ जब नाम संस्कार करते है तब तो बिल्कुल स्पष्ट कर देते है। कि 'राम' शिव के प्राण हैं।

मुनि धन, जन सरबस, 'सिव प्राना। बाल केलि रस तेहिं सुख माना।।
(बालकांड 198/2)

इस वाणी से यह पूर्ण रूप से सिद्ध हो गया कि 'राम' नाम शिव प्राण है। और हनुमान जी शिव के रूद्र अवतार हैं तो जो हनुमान जी कहेगें वह प्राण अर्थात राम ही बोल रहे हैं। इसी के साथ हनुमान जी श्री के अजर अमर सुत है शाश्वत है पांच तत्वों में वायु प्रधान तत्व है जिसके यह औरस पुत्र हैं और पुत्र में पिता में एक विचित्र अभिन्नता है, आत्मा से पुत्र का जन्म होता है आत्मज है । निर्गुण उपासक महान रसिक कबीर दास जी तो यहां तक कह डालते है जो सोचते ही बनता है, "एक अचम्बो हमने देखो, लरका जाओ बाप'

बात बड़ी सत्य है पुत्र के मुख से ही बाप शब्द निकलता है एक पुत्र ही तो पिताजी करेगा, पिता के और सो अगर पुत्र जन्म लेता है तो पुत्र के श्री -मुख, से पिता जन्म लेता है जब यह सिंद्धात सिद्ध है, तो यहां

श्री जी (सीताजी) से श्री हनुमान जी अपने श्री - मुख (अर्थात सीता मुख से) और श्रीमुख यानि 'राम' का मुख ही श्री जी से जो प्राण हैं राम, वही शिव के हृदय से सीधी बात श्री जी से कह रहे हैं, यहां माता पिता पुत्र की अभिन्नता के दर्शन होते है पिता की वाणी में पुत्र बोल रहा है ,अपनी 'मातृभाषा' में लोक व्यवहार में भी एक पुत्री या पुत्र के नाम से दोनो माता पिता बोल लेते है, बुला लेते है ,अनक लेते हैं अगर किसी की बच्ची का नाम 'शारदा' नाम है तो माता पिता एक दूसरे को यही शारदा कह - कहकर घरू काम करते हैं , तो यह लोकिक बोलचाल, ही यहां राम की बात हनुमान जी कह रहे हैं, जिसमें आध्यात्म की गंभीरता भरी है, उसको उतनी ही गहराई से झांकना है उसमें गोता लगाना है ,सो यहां प्रेम की वह पराकाष्ठा प्रगट हो रही है, जहां भगवान शिव ने राम को प्रेम - प्रगट कहा भगवान राम प्रेम से ही प्रगट होते है, इस नियम से प्रेम भगवान का पिता कहा जायेगा तभी तो दशरथ ने 'सत्य प्रेम में पुत्र शोक में प्राण त्याग दिये, क्यों प्रेम में जब ब्रह्म जन्म लेता है तो 'प्रेम पिता हैं और दशरथ शरीर से पिता है, जब आदमी केवल प्रेम के कारण मर जाता है, पागल हो जाता है, हत्यारा बन जाता है और कभी कभी वैराग्य भी ले लेता है जिस प्रकार 'सूरदास' ने अपने प्रेम निष्ठा की पराकाष्ठा में आखें फोर डाली, यह एक 'विषय' का प्रेम था जिसकी यह दशा हुई कि सत्य प्रेम का उपासक दशरथ पुत्र स्नेह में प्राण क्यों नहीं छोड़ेगा।

अब यही प्रेम का पुत्र -प्रेम तत्व की बात कहता है।

तत्व प्रेम कर मम अरू तोरा। जानत प्रिया एकु मनु मोरा।।

सो मनु सदा रहत तोहि पाहीं। जानु प्रीत रसु एत नेहि माहीं।। (सुन्दर 15/6-7)

अब यहां हनुमान जी जो प्रेम तत्व की बात कहते है, सो यह प्रेम तत्व वहां चलते समय श्री राम ने नहीं कहा कि तुम प्रेम तत्व समझाना ,यह तो यहीं हृदय से कहा जा रहा है, वहां तो भगवान दो बाते कहकर मुदरी (अंगूठी) दे दी है

1. भक्त जानकर मुदरी ही

2. बहु प्रकार समझाना

3. बल

4. बिरह

यही संकेत भगवान ने दिया था।

परसा सीस सरोरूह पानी। कर मुद्रिका दीन्हि जन जानी।

बहु प्रकार सीताहि समुझा एहु। कहि बल बिरह बेगि तुम्ह आएहु।(किष्किन्धा 23/10-11)

तो यह 'प्रेम तत्व' की बात हनुमान जी ने अपने मन से कैसे बनाली क्यों कि यहां प्रिया शब्द भी चिन्तनीय है तो हम पीछे वहीं फिर देखे जहां से हनुमान जी चले हैं।

हनुमत जन्म सुफल करि माना। चलेउ हृदयँ धरि कृपा निधाना।। (कि.23/12)

तो यहां हनुमान अपने हृदय में रघुनाथ जी को रखकर चलते है जबकि उनके हृदय में रामजी रहते ही है, यह बात भी स्पष्ट हो चुकी यही सुबेल की झांकी पर, जहां पर चन्द्रमा की झांकी बनाकर उसकी मचकता पर विमर्श हो रहा है, जहां पर सभी अपने अपने मन की रहनी ही कहते है। जिसके मन जो बसा है वही रूप कहता है, तो हनुमान जी के मन सदा ही राम बसते हैं सो उन्होने वही श्याम मूर्ति की बात चन्द्रमा में देखी कहीं।

कह हनुमंत सुनहु प्रभु,ससि तुम्हार प्रिय दास।

तव मूरति विधु उन बसति,सोइ स्यामता अभास। (लंका 12 क)

और जब हनुमान जी प्रथम ही मिलते हैं तभी राम उन्हें अपने हृदय में ले लेते हैं,

तब रघुपति उठाइ 'उर' लावा। निज लोचन जल सींचि जुड़ावा। (कि. 3/6)

यह एक प्रकृति का नियम है कि जो पौधा लगाया जाता है, उसे सींचना भी जरूरी है तभी तो वह बड़ा पायेगा, अब यह पौधा हृदय में लग गया है सो उसे बाहरी जल की जरूरत नहीं पड़ेगी उसे तो भीतरी हृदय की आर्द्रता जल है ,आंसु ही है जिन से प्रेम से हृदय में लगाया पौधा हनुमान जी को आँसुओ से सींचकर बड़ाया है, तो उसके फल भी उत्तम ही होगें, अब विचार करना है कि यह जो हनुमान जी अपने हृदय में रघुनाथ जी को रख चले है तो वही हृदय से बोल रहे हैं प्रिया शब्द यही हृदय से बोला

गया भगवान श्री राम का शब्द है तथा प्रेम तत्व की व्याख्या भी रामजी अपने हृदय से कह रहे हैं।

और यह संपूर्ण मानस ही शिवमानस से ही तो बहा है, जिसके हृदय में जो होता है वही बोलता है ,कितना ही छिपायें ,निकलेगा वही जो भीतर है, सो हनुमान जी के भीतर जो सदा निवास करता है, वहीं निकल पड़ा और कहता है 'तत्व प्रेम' बस इतना ही है जिसे केवल मेरा मन ही जानता है ,यही भगवान जो कह रहे है, कि हमारे तुम्हारे मन के प्रेम को केवल हम ही जानते है, तो क्या जानकी जी नहीं जानती, नहीं यहाँ भगवान ने अभिन्नता में भिन्नता द्वैत में अद्वैत की झांकी खेंची है यथार्थ में जानकी जी तो राम के ही हृदय में बसती है यही 'श्री वत्स' है जो हनुमान - वत्स के रूप में बोल रहा है श्री - वत्स,श्री का पुत्र और सीताराम में भिन्नता वैसी ही नहीं है जैसी 'जलवीचि' गिरा अर्थ में नहीं है, वाणी और अर्थ में अभिन्नता है वहीं भी भिन्नता नहीं है फिर मन तो एक ही है दो मन में प्रेम कहां रह सकता है दो मन जब एक हो जाते है, वही तो प्रेम कहा जायेगा, शरीर का शरीर से मिलन विवाह है पर मन से मन का एक मिलन प्रेम है तभी तो प्रेम की ध्वजा गोपियां कहती है कि

हे उद्वव ,*मन नाहीं दशवीस, एक हतो सो गयो स्याम पहँ*
को आराधे ईस...........................

सो यह प्रेम रस तत्व अत्यंत विलक्षण है इसमें भिन्नता होती ही नहीं जहां 'राधा' प्रेम प्राण है तभी उन्होने पति प्रेम के बटवारे के भय से निपुत्र रहना पसंद किया क्योंकि स्त्री का प्रेम संतान के कारण बट जाता है वह हरदम पुत्र की चिंता में आनंदित रहती है, एक ही यह उदाहरण है प्रेम स्नेह का जिसमें 'अराधक' ने पुत्र नहीं 'राधा' जो अपने प्रेम में कुछ राँधता नहीं बनाता नहीं अर्थात राधा नहीं सो राधा है कुछ बनाता नहीं वह तो स्वयं 'राधा' बना है पूर्ण है 'राँधा' अब जो राँधा है ,वह क्या बनायेगा, जिसका राँधा हुआ, यह रस प्रेम रूप ब्रह्माण्ड है, प्रेमी बनाता नहीं, बनता नहीं ,वह तो होता है, रहता है पर जो प्रेम बनाता अपन प्रेमी को मित्र को बनाता है, आज का प्रेम केवल 'बना' रहा है प्रेम त्याग है समर्पण विरह का रूप है जिस प्रेम में त्याग नहीं संग्रह है चाह है तृप्ति नहीं तो वह चाह विषय बनाती है 'अचाह' पद ही प्रेम है प्रेम केवल देता है लेता नहीं 'प्रीति'

तो वास्तव में पी,री,ति है जो प्रीति पी की रीति से रीति है वह, प्रिया तो पी से रीति (खाली) ही है, अकेली ही है।

पी,रीति जो जानती, पी-पी-रीति भीत।

सो रीति नहिं भामिनि, भरी 'दयालु' रीत।।

तो यह रीति केवल एक 'राधा' में स्वीकारी है जिसने अपने प्रेम में गर्भ धारण नहीं किया, न ही गर्व किया, क्योंकि यह राधा कोई साधारण शब्द नहीं हैं 'आराधना' के बीच में तो रहता है आराधना के प्राण है वही तो राधा है। जिसके जीवन में न तो 'आ' है और नहीं 'ना' है अर्थात आना - माना है ही नही वही तो शेष 'राध' (राधा) अर्थात हमेशा हमेशा अपने मीत को 'राध' स्मृति रख बस 'राध' 'राध' तो आराधना बन जायेगी।

आराधना जो मध्य रहे, राधकृष्ण अराध।

राधा नहिं राधा कछु, केवल दयालु साध।।

जब राधा रा-आधा आधार का यह स्वरूप है तो जहां पूरा रा 'राम' है तो पूर्ण अभिन्नता है, एक मन है तो दूसरे के मन की क्या कहना हमारा मन ही तो उसका मन है फिर उस का मन क्या होगा प्रेम की सोच चिंतन एक है ,जिस प्रकार 'रतना' का स्नेह मन राम के चिंतन से अभिन्न था, तुलसी का प्रेम उसी प्रेम में उन्होने हाँ कहकर जीवन प्रेम से भर दिया अगर द्वैत होता तो वह रतना की बात स्वीकार क्यों करते वहाँ तो विवाद बनता, यह 'रतना' ने अपना नाम और तुलसी के नाम की सार्थिकता बना दी

रत,ना रत-ना 'रतना' कहे, रत-ना विषय न भोग।

तुल,सी- तुलसी तुल-सी नहिं, तुल-सी, दयालु योग।।

हे तुलसी जब तुम्हारा नाम तुलसी है तो सी (सीय) पर तुल जा - जा तुलजा 'सी' पर उतारूं हो जा सी पर कर ले आराधना सी की और 'तुल' जा अपनी भक्ति पर भैया हम तो अब अच्छे से 'तुल' गये ,रत हो गये ,एकाग्र मन से किसी लगन में लग जाना ही है तुल जाना है, फिर तुम तो तुल सी हो, जो सी के कार्यो में तुल जाये ,वही तो तुलसी ,है नहीं तो क्या कहाँ का तुलसी - बस तुल सी - और मेरा भी क्या नाम है ,जो में 'रतना' नाम रखे हूँ और अपनी पति को विषयो में 'रत' आसक्त किये हूँ विषयों में डुबाये हुये हूँ, उन विषय भोगों से निकाल कर दूर नहीं कर

• 87 •

रही हॅूं, आज मुझे अपने नाम का अर्थ ग्यात हो गया है, बस भागो में जो कभी भी रत,ना हो वही सच्ची 'रतना' रतना है, वाह रे अक्षर ब्रह्म यही तो सत्संग है।

जो भीतर से प्रादुर्भूत होता है तभी तो मानस कहता है कि संसार में सत्संगति दुर्लभ है कभी एक निमिष को हो जाये तो जीवन मुक्त हो जाता है, यह मानव जीवन धन्य हो जाता है अगर आज 'रतना' ने यह सत्संग न किया होता तो तुलसी इस भव सागर से 'ना,तर' पाता और यह संसार भी इस दुर्लभ मानस को न पा पाता अगर रतना उलटी न होती तो यह 'तरना' की प्रक्रिया प्रारंभ नहो पाती, न ''मानस' का निर्माण हो पाता ,जिससे मानस बनता है तो यहां नाम भी जीवन में एक विज्ञान है पर आज हम अपनी नाम की व्याख्या रहस्य उसकी जीवन मे क्या महत्ता है वह भी भुलाते जा रहे है और पप्पू, टिल्लू किल्लू,रीना, जो नारी का पलटा रूप है।

इस बात में एक इतिहास कितना सुन्दर है, जिसमें एक युवती अपने 'विषया' नाम बुरा मानती थी पर जब उसका चंद्रहास से विवाह विषया नाम के कारण हुआ तो उसे लगा कि आज हमारा अगर यह विषया ने नाम न होता तो हमारे होने वाले पति के प्राण न बचते क्योंकि इसके पिता ने पत्र में अपने पुत्र को लिखा था कि इस पत्र वाहक को तुरंत विष दे देना, वह बगीचा में शयन कर रहा था विषया ने पत्र देखा राजकुमार की सुन्दरता देख उसे पति मान लिया और पिता की भूल समझी कि पिता खुशी के कारण या लिखना भूल गये है इन्हे लिखना तो था 'विषया' पर जल्दी जल्दी में खाली विष लिख गये और अपने नेत्र के काजल से विष के आगे या लिख दिया और पत्र जहां का तहां साफा मे रख दिया, भाई ने पिता का पत्र पढ़कर तुरंत अपनी बहिन का विवाह कर दिया।

यह एक नाम की घटना इतिहास में बड़ी ही सुन्दर है, तो जीवन में नाम महत्व है उसे सोच समझकर नाम रखे जिससे नाम जीवन को दिशा दे सके।

'यह 'राम' नाम सभी नाम के प्राणियों को दिशा देने वालो में से एक हैं ,सभी नामों में श्रेष्ठ है, आज यही नाम के आधीन 'रूप' बोल रहा है 'कि' प्रेम तत्व को केवल हमारा मन ही जानता है और वह मन सदा तुम्हारे

पास रहता है।

हे सीते-यह हमारा मन हमारे पास नहीं है, *सो मन रहत सदा तोहि पाही,*

यह मन सदा-सदा ही तुम्हारे पास रहता है, यही प्रेम तत्व है, जिसमें अपना अपने पास होकर अपने प्रेमी के पास रहता ,यह इतना कठिन है कि संसार में विरले कोई का मन प्रेम में रच पच पाता है, क्योंकि मन की बात किसी से मिल ही नहीं पाती, तभी तो इस मन की बात एक विषयी जीव क्षणिक प्रेमी कहता है कि भगवान मेरा मन तुमसे कुछ माना है, शूर्पणखा का यह विचार संसारी था

मन माना कछु तुम्हहिं निहारी.....

अब विचार किया जाये कि जिस पुरूष का मन सदा अपनी पत्नि के पास रहता हो, वह कहां अपना मन ले जायेगा, इसका स्वरूप ही राम खींचते है और कहते हैं कि प्रीत रस - 'प्रीत रस' इतनी सीमा में ही वास करता है अगर इसे हम यों कहे कि प्रीत - रस वहां ही रता है, जहां प्रेमी का मन अपने प्रेमी के मन से मिल गया है अर्थात यह एक मन, एक रस होना ही प्रीतरस ..

मन सों मन को तोलिये, कबहु न दो मन होय।

यह एक रूपता का "एक रस" स्नेह ही प्रेम का तत्व है, फिर यहाँ तो जीव ईश्वर का भी भेद नहीं रहा पाता पर बात है 'एक रस' की यह एक रस जहां सदा एक रस बना रहता है वहां प्रेम निवास करता है।

जौं सबकें रह ग्यान एक सर। ईश्वर जीवहि भेद कहहु कस। (उत्तर 78/5)

यह प्रेम प्रेमी, प्रमास्पद, जीव,माया,ब्रह्म, सत्, चित्, आनंद और सत्यं शिवं सुन्दरम् तत्व मऽसि अहम् ब्रह्मास्मि श्री, राम, लक्ष्मण एकता की प्रतीक, प्रीति ,प्रिया. प्रीतम ''एक रस' होते ही 'जल वीचि' बनकर सागर को 'राम रस' देकर जीवन के भोजन का स्वाद बढ़ाते हैं। यह एक रस ही

सोहभस्मि इति वृन्ति अखंडा। दीप सिया सोई परम प्रचंडा।।

आतम अनुभव सुख सुप्रकासा। तब भव मूल भेद भ्रम नासा।।(उत्. 118/1-2)

सो यह एक रस वृत्ति प्रेम का स्वभाव है, ज्ञान में भेद जाग्रत होता है, ज्ञान होते ही द्वैत जन्म ले लेता है और प्रेम होते ही अद्वैत रस भर जाता है ,तभी तो राम मन सीताजी में रहता है और सीता मन रामजी में रहता है ।

यही वह अखंड ब्रह्म तत्व है जिस का सगुण नाम 'प्रेम' है अब जब राम का मन जानकी के पास और जानकी का मन राम के पास है तो देखेगें, कौन - कौन की अवस्था, कौन को कौन दर्शायेगा?

यहीं वह शिव 'मानस' है 'सीताराम' बिराजे है सो वही दोनो की बातें कहते है, अगर राम प्रेम तत्व सीता से कहा, तो सीता ने यह राम से कहा - यही जीव है ,जिसमें माया, ब्रह्म की झांकी बनती है, यह प्रेम रस अनर्वचनीय है जो कहा लिखा नहीं जा सकता।

क्योंकि प्रेमी मार्ग नहीं बता सकता, ज्ञान प्रेमी नहीं बन सकता, प्रेम तो मार्ग भूल जाता है। यही तो राम वृक्षों से सीता का पता पूँछते है, प्रेम जड़ से भी चेतन को पूछता है, ज्ञानी चेतन को भी जड़ समझ लेता है।

तभी तो प्रहलाद राम प्रेम से परम जड़ पत्थर में से परम चेतन ब्रह्म को निकाल लेता है और हिरण्यक चेतन प्रहलाद के साथ ही जड़वत व्यवहार करता है तो अगर प्रहलाद ने पत्थर के खंबे से भगवान निकाले, तो हनुमान जी ने अपने चेतन हृदय को चीरकर सीताराम की मोहनी मूरत दिखा दी , यह निस्तर प्रेम की धारा है जो एकरस भरी रहती है।

यही प्रेम का अगाध सागर हनुमान जी के हृदय में भरा है। तो अगर हम ऐसा कहे कि जो प्रेम तत्व का एक रस देव है, वह 'श्री' राम हनुमान जी के हृदय में रहता है।

सो अगर भगवान 'प्रेम' है तो श्री जू उस प्रेम का तत्व एक रस है 'प्रेम घर' है और यह प्रेम- जिस घर मे रहता है वह प्रेम घर ही हनुमान जी है। जिसे दुर्लभता से तुलसी ने बताया,

प्रनवउँ पवन कुमार खलबन पावक ग्यान धन।

जासु 'हृदय आगार' बसहिं 'राम' सरचाप घर।। (बाल. 17 सोरठा)

प्रेम राम श्री एक रस, तत्व प्रेम रस प्रान।

हनुमान घर हृदय रें, प्रेम दयालु धरमान।।

तो भगवत 'प्रेमरस का घर' एक हनुमान जी ही है।

अगर हमें प्रेम रस चखना है तो प्रेम के घर पहुँचना चाहिए, उनकी शरणागति ही हमें प्रेम तत्व बता पायेगी।

यही प्रेम की चाह तुलसी दास-

अपने हृदय से चाहते हुये मांग रहे है, मानस के अंत में अपनी मन की चाह कहते है कि हे प्रभु मुझे जैसा काम में स्त्री का स्नेह है, द्रव्य में लोभ का स्नेह है पर यह स्थायी नही रहे सो हमें आपके चरणों मे निस्तर 'एक रस' प्रेम रस दीजिये।

कामिहि नारि पिआरि जिमि लोभिहि प्रिय जिमि दाम।

तिमि रघुनाथ निरंतर प्रिय लागहु मोहि राम।। (उत्तर 130/(ख))

घर न लगाओ प्रेम में, पाव प्रेम घर दान।

घर घर में घर प्रेम घर, प्रेम दयालु घर जान।।

<u>संवत 2056, मार्गशीर्ष शुक्ल. 4,दिनाँक 11/12/1999</u>

भगवान श्री राम ने भी अपने सभी सखाओं को एक ही उपदेश दिया। अयोध्या की राज्य सिंहासन पर बैठकर..

अब गृह जाहु सखा सब, भजहु मोहिह दृढ नेम।

सदा सर्वगत सर्व हित, जान करेऊ अति प्रेम।

अंत उपदेश श्री राम को, जा ब सखा घर प्रेम।

प्रेम- प्रेम घर 'प्रेम घर,' बांट दयालु नेम।।

संपूर्ण

प्रकाशित/अप्रकाशित साहित्य

श्री आनंद कंद दयालु भगवान जी द्वारा रचित ग्रंथों का विवरण

पद्य कृतियाँ

१. प्रेमराह (१२९ पदों का संग्रह)

२. श्री रामलीला (१०० पदों का संग्रह)

३. सुरत भजन योग (९० भजनों का संग्रह)

गद्य कृतियाँ

४. मानस का दाम्पत्य जीवन (१५० पृष्ठ

५. श्री सीता माहात्म्य (१९९ पृष्ठ)

६. तुलसी (८७ पृष्ठ)

७. सुधाचार (८७ पृष्ठ)

८. तिनका (२४० पृष्ठ)

९. मानस में स्वभाव (१७६ पृष्ठ)

१०. यथार्थ दर्शन (पृष्ठ)

११. श्री तत्व दर्शन (१८० पृष्ठ)

१२. श्री यज्ञ पुरुष भगवत (८० पृष्ठ)

१३. श्री सुत (११७ पृष्ठ)

१४. अमर मृत्यु (२२४ पृष्ठ)

१५. कुंभामृत विचार (१९२ पृष्ठ)

प्रकाशित

१६. शिव शतक (१२ पृष्ठ)

१७. श्री दुर्गा शतक (१२ पृष्ठ)

१८. अपवर्ग पथ (१७५ पृष्ठ)

१९. शब्द ब्रहम का सहज ज्ञान (४० पृष्ठ)

२०. प्रयाग कुंभ स्नान क्यों (६५ पृष्ठ)

२१. श्री देव स्तव आरती (१२ पृष्ठ)

२२. एक सौ आठ दाने की माला क्यों (१८ पृष्ठ)

अप्रकाशित

ग्रंथों का प्रकाशन कराना भी एक श्रेष्ठ यज्ञ कर्म है। जो ग्रंथ प्रकाशित हैं उनके दायित्व भार लेकर जो सज्जन शिक्षा-दान का गौरव प्राप्त करना चाहते हैं वे साकेत धाम से संपर्क कर अपनी ज्ञान-दान की आहुति सम्पन्न कर सकते हैं। जय भगवान जी ।।

धन्यवाद्

"अध्यक्ष
श्री श्यामसुंदर गुप्ता

कोषाध्यक्ष
श्री उमाशंकर चौरसिया

एवं
महामंगल सेवा समिति, साकेत धाम, दमोह, मप्र –
470661"